作者简介

邬姝丽，1964年生，辽宁海城人，1988年毕业于大连外国语学院外语系，获文学硕士学位。1990-1992年就读于北京师范大学外国语学院。现为中国矿业大学（北京）文法学院副教授。近几年来主要从事跨文化研究、英汉修辞比较研究以及语言测试。已发表论文10余篇。完成校级课题两项，主编两部口译教材。

中国矿业大学（北京）学术专著出版基金资助

中国书籍·学术之星文库

跨文化代际语篇系统研究

邬姝丽◎著

中国书籍出版社
China Book Press

图书在版编目（CIP）数据

跨文化代际语篇系统研究/邬姝丽著.—北京：中国书籍出版社，2016.8
ISBN 978-7-5068-5705-5

Ⅰ.①跨… Ⅱ.①邬… Ⅲ.①语法—对比研究—汉语、英语 Ⅳ.①H146②H314

中国版本图书馆CIP数据核字（2016）第172915号

跨文化代际语篇系统研究

邬姝丽　著

责任编辑	毕　磊
责任印制	孙马飞　马　芝
封面设计	中联华文
出版发行	中国书籍出版社
地　　址	北京市丰台区三路居路97号（邮编：100073）
电　　话	（010）52257143（总编室）　（010）52257153（发行部）
电子邮箱	eo@china.com.cn
经　　销	全国新华书店
印　　刷	北京彩虹伟业印刷有限公司
开　　本	710毫米×1000毫米　1/16
字　　数	145千字
印　　张	10.5
版　　次	2017年4月第1版　2017年4月第1次印刷
书　　号	ISBN 978-7-5068-5705-5
定　　价	68.00元

版权所有　翻印必究

目 录
CONTENTS

第一章　交　际 ……………………………………… 1
1.1　交际的含义　　　　　　　　　　　　　　　　／1
1.2　交际的过程或特征　　　　　　　　　　　　　／2
1.3　文化的定义　　　　　　　　　　　　　　　　／4
1.4　文化特征　　　　　　　　　　　　　　　　　／6
1.5　群体文化　　　　　　　　　　　　　　　　　／9

第二章　跨文化交际与交际文化 …………………… 10
2.1　跨文化交际与人际交际　　　　　　　　　　／10
2.2　交际文化　　　　　　　　　　　　　　　　／12
2.3　本书所关注的文化和交际　　　　　　　　　／13

第三章　语篇系统 …………………………………… 15
3.1　语篇系统的含义　　　　　　　　　　　　　／15
3.2　语篇系统分析法的重要性　　　　　　　　　／32

第四章　代别文化 ········· 34
4.1　关于代的概念、代沟　　　　　　　　　/ 34
4.2　代与文化　　　　　　　　　　　　　　/ 36
4.3　代际划分　　　　　　　　　　　　　　/ 38
4.4　国内外对代的研究　　　　　　　　　　/ 39

第五章　中国当代代别语篇系统研究 ········· 44
5.1　引言　　　　　　　　　　　　　　　　/ 44
5.2　理论框架　　　　　　　　　　　　　　/ 45
5.3　研究设计　　　　　　　　　　　　　　/ 46
5.4　数据分析与讨论　　　　　　　　　　　/ 47
5.5　跨代别语篇系统分析　　　　　　　　　/ 65
5.6　代际言语交际风格　　　　　　　　　　/ 71

第六章　儒家语篇与功利主义语篇 ········· 87
6.1　反对与赞同运用修辞手法　　　　　　　/ 88
6.2　实证经验主义与信奉权威　　　　　　　/ 88
6.3　演绎/平等与归纳/等级　　　　　　　　/ 90
6.4　独创性与引经据典　　　　　　　　　　/ 91

第七章　美国代别语篇系统与中国代别语篇系统 ········· 93
7.1　美国的代别语篇系统　　　　　　　　　/ 93
7.2　中美代别语篇系统对比分析　　　　　　/ 97

第八章　中美语篇系统的文化差异 ········· 102
8.1　不同的文化传统　　　　　　　　　　　/ 102

8.2 不同的文化价值观 / 107
8.3 不同的思维方式 / 115
8.4 不同的语境文化 / 117
8.5 不同的自我构建 / 119

第九章 提高跨文化交际能力 ········· 124
9.1 跨文化交际的重要性 / 124
9.2 影响跨文化交际的因素 / 126
9.3 跨文化交际能力的构成 / 134
9.4 跨文化交际的未来 / 147

主要参考文献 ········· 151

附录 ········· 154

第一章

交 际

交际和文化是一对孪生兄弟。虽然交际和文化是两个词,有着不同的概念,但它们确实密不可分。人类学家甚至认为文化就是交际,交际就是文化。交际是人们生存以及保存自身文化的必由之路。文化通过交际被传承以及保存。虽然文化和交际共同作用,但为了了解文化间的相互作用,我们首先介绍交际,了解交际在文化相互作用过程中的不同形式。

1.1 交际的含义

交际或交流就是与别人共享观点和感受的过程,是人类交往的基础。交际这个词的英文词意是 communication,与 commonality 有密切关系。Commonality 意为"共同"或"共享"。两个词的本义表明"共同"或"共享"是交际的前提。也就是说,具有同一文化的人们在很多方面具有共享才能进行有效交际。这种交际过程实际上是同一主流文化内的交际。贾玉新发现跨文化交际所涉及的变量与同一主流文化内人们之间的交际所涉及的变量基本一致。换句话说,东西方之间的交际过程与亚文化或群体文化之间（如代别之间）的交际过程基本一致。这种对交际本质和交际过程的认识是本书跨文化交际（代际间的交际）语篇分析理论框架的指导思想。

正如我们很难给文化下定义一样，人们也很难给交际下一个单一的定义。40多年前，丹斯和拉尔森（Dance and Larson）[①]查阅文献，找出了交际的126个定义，之后又出现了难以计数的其他对交际的定义。我们在这里无法穷尽对交际的定义，从跨文化交际的角度看，鲁本和斯迪沃特（Ruben and Stewart）[②]的定义比较合适："人类交际就是处于某种关系、群体、组织和社会中的个人向环境，或相互之间发出信息和进行反馈，以便与之适应的过程。"这一定义告诉人们交际是与环境和他人进行交换的过程。更确切地说，交际是一个动态的过程，而不是固定不变的。在我们进行交流的时候，言语和行为会被其他的语言和行为所置换。下面让我们来具体了解一下与跨文化交际有关的交际过程和特征。

1.2 交际的过程或特征

1. 交际是符号化的

符号是人们交际时使用的主要手段，是人们交际过程中传达和分享意义的媒介。交际中符号是人们思想的载体。你可以运用符号

[①] Dance, Frank. E. X. & Carl. E. Larson, Speech Communication: Concepts and Behavior [M]. New York: Holt, Rinehart, & Winston, 1972.
[②] Ruben, B. D. & L. P. Stewart, Communication and Human Behavior [M]. 4th ed, Boston: Allyn and Bacon, 1998, 16.

来表达你的思想。就跨文化交际而言，虽然处于每一种文化中的人们都使用符号，但人们赋予符号的含义不同，不仅如此，人们对符号也有使用上的差异。例如，中国人将信息内在化，而西方人大多数情况下将信息外在化。

2. 交际是系统化的

我们不是在孤立的环境中收发信息，而是受到环境、场所、场合、时间、交流者数量和文化背景的影响。影响交际的最大因素是我们的文化。一种文化的惯例、价值观、社会规范、传统以及习俗等都影响着交际系统的其他部分。也就是说，交际是文化和社会行为。在跨文化交际中，因不同社会以及不同群体在以上方面存在差异，使得交际过程虽然系统化但变得复杂多变。

3. 交际是复杂的

人类交际是一个复杂的过程。无论交流的信息或行为多么简单，它总是充满大量的信号、代码和意义等元素。文化元素的加入就会使得交际更为复杂。伍德（Wood）[1]指出："影响交流的最大系统就是我们的文化，它就是我们所有互动发生的大环境。"文化既有相似处也有不同之处。在跨文化交际中，一个成功的跨文化交际者应既能欣赏文化的相似性又能接受文化的差异性。以上仅是与跨文化交际有关的关于交际的一些看法。由此可以看出，交际是符号活动，是一个动态多变的过程。交际受制于文化心理等多种因素，是一个系统化过程。

---

[1] J. T Wood,, Gendered Lives: Communication, Gender, and Culture [M]. Belmont, CA: Wadsworth, 1994, 29.

1.3 文化的定义

任何跨文化交际的讨论都包括文化和交际两个方面。因为在从事跨文化交际研究时，人们不可避免地要进行文化对比，因此讨论语篇系统前，首先要弄清楚文化的概念，其特征是什么。

文化的定义是一个重要的问题同时又是一个复杂的问题。文化是无所不在的、多元的、复杂的。正如霍尔（Hall）指出"人生没有哪一个方面不受到文化的影响和改变"①，这一结论表明文化无所不包，无所不在。文化的这一特征使得人们对文化难以下定义。对文化探讨最深的当属文化学家克鲁勃和克拉克洪（Kroeber 和 Kluckholm）对文化的归纳。早在1952年他们查阅了众多人类学文献，收集到164个对文化的定义。同时他们对于文化一词的意义做了历史性回顾，并对各种不同定义做了评述。从众多的广义（文化就是所有事物；是生活方式；社会生活的一切方面）到狭义（文化是歌剧、艺术和芭蕾）的定义中，我们更关注的是侧重历史传统和社会继承（与代际相关）的文化的定义。这里列举几种代表性的观点。1871年，文化人类学的创始人英国学者泰勒（E. B. Tylor）②认为："文化或文明，就其广泛的民族意义来说，乃是包括知识、信仰、艺术、道德、法律、习俗和任何人作为一名社会成员而获得的能力和习惯在内的复杂整体。"夸德尔从社区内文化的共性来解释文化，认为一

---

① E. T. Hall, The Silent Language [M]. New York: Doubleday, 1959, 169.
② ［英］泰勒：《原始文化》，转引自威廉·A. 哈维兰：《当代人类学》（王铭铭等译），上海人民出版社1987年版，第10页。

个社区诸成员有着共同的政治或伦理观念，以及在很大程度上对解释世界的方式、客观现象如何分类和赋予这种分类以何种意义有着共同的认识。各社区有着共同历史，并对什么是重要的、什么是不重要的有着共同概念，即有一个共同的价值体系。他们对于干活、穿衣、吃饭、结婚、信仰、子女教育的正确与错误方式有共同概念，所有这一切构成一个民族的社会文化①。国内学者胡文仲和高一虹对文化进行了概括性总结。他们认为："文化是一个大的人群在许多代中通过个人和集体的努力而获得的知识、经验、信念、价值、态度、角色、空间关系、宇宙观念的积淀以及生活行为形式，这些模式和形式是人们适应性行为和交际方式的样板，它使得人们在特定的技术发展阶段、特定的时间、特定的地理环境的社会中生活。"② Kluckhohn 对文化的定义做了总结，他指出："文化是由外显和内显的行为模式构成；这种行为模式通过象征符号而获得和传播；文化代表了人类群体的显著成就，包括它们在人造器物中的体现；文化的核心部分是传统观念。文化体系一方面可以看作是活动的产物，另一方面则是进一步活动的决定性因素。"③ Kluckhohn 的定义涵盖了人类生活的方方面面，是对上述学者对文化定义的概述，指出了文化是人们行为的蓝图。我们也关注与文化和交流相互作用的文化定义。马塞拉（Marsella）指出，文化就是为了提升个人和社会的生存能力，增强适应能力，以及保持他们的成长和发展，一代一代传

---

① ［爱丁堡］夸德尔：《应用语言学导论》，转引自朱文俊：《人类语言学论题研究》，北京：北京语言文化大学出版社 2000 年版。
② 胡文仲、高一虹：《外语教学与文化》，长沙：湖南教育出版社 1997 年版。
③ A. L. Kroeber, and C. Kluckhohn. Culture: A Critical Review of Concepts and Definitions [M], New York: Random House. 1952, 1~139.

承下来，并通过后天习得的共同行为。① 文化有外在形式（如艺术品和等级制度）和内在形式（如价值观、态度、信仰、感知、感情、感觉方式、思维模式以及认识论等）。

马塞拉的定义包括了人生阶段的所有内容及它们之间的相互作用。该定义既指出了文化的代代相传性，也包括了后天的习得性，既有内在的价值观，又有外在的等级制度。这些构成了一个人的文化身份。

现代华裔跨文化学者陈国明对文化的理解与上述定义有相同之处，他指出："文化是一系列借助学习通过符号由一代传给下一代的基本的观念、习俗及群体经验。文化包括指导人们行为的信仰、规范、及态度。"② 以上对文化的定义既包括文化的内容如信念、价值观、习俗、语言，也指出了文化的特征如传承性和群体特征。下面我们来进一步探讨文化的特征。

1.4 文化特征

无论我们考察多少文化的定义，关于文化的主要特点，人们看法大致相同，主要有以下几个特征：

1. 文化是后天习得的

习得性是文化的重要特点。没有对前人的继承，就没有文化。

---

① A. J. Marsella, "The Measurement of Emotional Reactions to Work: Conceptual, Methodological and Research Issues, Work and Stress, 1994, 166~167.
② Chen, G. M. & W. J. Starosta, Foundations of Intercultural Communication [M], 2007, 25~26.

如Brislin所说"如果某些价值观念被认为是某种社会的核心,而这种社会又历史悠久,那么这些观念肯定会代代相传"①,文化的传承有多种方式,拥有众多载体如家庭、同龄人、媒介等。每一代文化中最关键的元素一定被紧接着的一代继承。这个观点验证了文化和交流是息息相关的论断。交流使文化成为一个连续不断的过程,文化习俗、价值观、态度等一旦被"公式化",就会通过大众传媒等方式传播给每个文化成员。文化非常需要将每一代人的过去和未来的几代人结合在一起。

2. 语言是文化的重要载体

语言和文化是社会的产物,是生活在该社会的人们世代沿袭下来的符号体系。符号就是同样文化背景下的人们用来指代特殊意义的任何东西。符号不仅让我们得以在人与人之间传授知识,而且可以向后代传承观念。不论你是哪一代人,你都可以继承文化知识。换句话说,文化的保存、传播和继承都要依靠语言,语言是文化产生和发展的关键,又是文化存在的重要标志。一定的语言总是和一定的文化相关联。语言像一面镜子,反映民族的全部文化。可以说,掌握了一种语言就是掌握了该文化的价值体系。

3. 文化是动态多变的

对交际来讲,文化不是静止不变的。两千年前,希腊哲学家赫拉克利特说过:"人不能两次踏入同一条河流,因为其他的河水不停地流入。"这句话表明文化不能够存在于真空中。文化一旦形成就具有一定的稳定性,但同时文化在不同的历史时期会产生变化。从历时角度看,人们的生活方式、语言、风俗习惯或是思想观念都会随

---

① R. Brislin, Understanding Culture's Influence on Behavior. Fort Worth, TX: Harcourt Brace Jovanovich College Publishers, 1993, 6.

着时代的变迁而发生变化。从共时角度看，文化的变化可能是技术的发展和新发明的出现。例如电话、电脑、互联网的出现改变了人们的思维方式和行为方式。不仅如此，不同文化间的接触，外来观念和大众传媒也会影响人们的价值观念甚至是交际模式。也就是说一个民族文化会受到内在因素和外在因素的双重作用影响而产生变化。

4. 文化是群体行为规则的集合

文化作为社会遗产，是一个群体共同创造的社会性产物，从宏观角度来看，它属于人类社会，从小的范围来说，它属于某一个群体或社团。正如跨文化交际学者贾玉新所总结的："文化可以被理想化地推定为可能出现在某一社会或群体的所有的成员的行为之中。这样，我们就有了诸如中国文化、美国文化、东方文化、西方文化等整齐划一式提法。这也意味着，某一主流文化中存在着如亚文化或群体文化，或地域文化、职业文化、性别文化等。"[①] 文化的这一特征表明我们是相似的，但我们又是不同的。某些为少数人拥有的文化，虽不能为大多数人所共享，但社会通常对这些文化做出评价，因此应具有共享的文化意义。

文化的特征告诉我们，文化包括一个民族的语言、价值观、历史、传统以及习俗等方面。文化不仅指较大群体的文化，也包括较小群体的文化如代别文化。文化有传承的一面，也有变化的一面。随着时代的变化和全球化的影响，文化会被新的观点所冲击，这种冲击所带来的变化可能是潜移默化的、渐进的，也可能是凸显的和爆发式的，无论怎样，变化是不可避免的。

---

① 贾玉新：《跨文化交际学》，上海：上海外语教育出版社1997年版，16~20。

1.5 群体文化

在跨文化研究中,人们惯常以较大群体的文化为基础,这种文化是指该群体成员所共享并为大多数成员所公认的历史、信仰、价值观以及语言等方方面面。如东方文化、西方文化或被霍尔(Hall)称作的强语境文化和弱语境文化。除了这种较大群体的文化外,世界上也存在着若干小的群体或社团,他们形成自己独特的文化。根据许多学者的观点,这些小群体概念的形成可能以民族、种族、地域、职业、性别、政治、代际、社会关系类型等方面的共享为基础。一旦一个群体形成了,这个群体便有了自己相应的文化及交际文化。

国内学者贾玉新和美国学者 Scollon Scollon 都对文化进行了整体和具体的分类。他们都认为,跨文化交际不仅指整体文化即较大群体的文化,也包括具体的个性文化(以个人所属文化群体为基础)。这种文化被称之为群体文化或亚文化。群体文化的成员同样有传统、价值观念和行为规则,这些都代代相传。与主导文化一样,我们提到的群体文化通过诸如媒介、学校、家庭、宗教等载体把经验传递给新的成员。虽然我们讨论的是不同代别之间的文化交流,但是我们相信他们之间的交流具有相同的要素和程序。跨文化交际不仅指东西方文化的相互作用,也包括群体文化间的相互作用。有一点值得我们注意的是,群体文化成员可能拥有令他们与众不同的感知方式、价值观、交流方式和生活方式。

第二章

跨文化交际与交际文化

2.1　跨文化交际与人际交际

　　对于跨文化交际，人们有不同的理解。传统的跨文化交际研究以较大群体的文化为基础，这种文化是指该群体成员所共享并被大多数成员所公认的历史、信仰、价值观以及语言等方方面面，如东方文化、西方文化、欧洲文化、非洲文化、中国文化、美国文化、日本文化、英国文化等等。这种跨文化交际指具有不同文化背景的人从事的交际，是大范围的国与国之间的交际。例如，我国外交部长与外国领导人的谈判是在进行跨文化交际，我国商人与外国商人的经贸往来也是在进行跨文化交际，中外师生的交往同样是在进行跨文化交际。然而，对于什么是不同文化背景，人们的理解并不完全一致。Harms 认为跨文化交际包括国与国之间的交际，不同种族、不同民族之间的交际。① 例如，我国汉族人与新疆维吾尔族人之间

---

① Harms, L. S., Intercultural Communication [M], Harper & Row. 1973, 2.

的交际则属于不同民族之间的交际。Samovar 和 Porter 把跨文化交际分成三种形式，即跨民族交际（Interracial communication）、跨种族交际（Interethnic communication）和同一主流文化内不同群体之间的交际（Intracultural communication）。①Ron Scollon 和 Suzanne W. Scollon 认为人们属于不同的群体，任何交际都是发生在人与人之间的交际，即人际交际。② 跨文化交际学中经常要探讨的问题是文化的问题。跨文化交际中所涉及的文化概念应该属于最宽泛意义上的，超乎了个人的范畴（super-ordinate category）。文化和个人不是一回事，属于不同的层面。人和人之间可以谈话，但文化和文化之间无法开展谈话，譬如，中国人与美国人可以彼此谈话，但中国文化与美国文化在实际交际中无法谈话，两种文化之间的对话是通过个体中国人和个体美国人进行的。从这个意义上讲，任何交际都是人之间的交际，而绝不可能是不同文化之间的交际。因此，跨文化交际不是文化之间的交际，而是人之间的交际。既然任何交际都是人之间的交际，那么个体是通过什么手段实现人际关系的呢？交互社会语言学理论中有一个十分重要的观点：个体之间的交际实际上是语篇系统之间的交际③（John Gumperz 1982,）。这样一来，采用语篇系统分析的方法来解释不同文化背景的人们之间的交际就成了顺理成章的事了。因此，在跨文化交际中，语篇或语篇系统的研究自然而然地代替了文化或文化系统的研究。不同职业、不同性别、不同年龄的群体都有各自独特的语篇系统。本书的焦点集中在作为

---

① L. A. Samovar, & R. E. Porter, Communication between Cultures [M]. Beijing: Foreign Language Teaching and Research Press., 2000, 48~51.
② R. Scollon, & S. W. Scollon, Intercultural Communication: A Discourse Approach, Beijing: Foreign Language Teaching and Research Press, 2000, 126~127.
③ Gumperz, John, Discourse Strategies [M], New York: Cambridge University Press, 1982.

亚文化系统的小群体文化，即不同年龄的语篇系统差异对比分析。

综合以上各种分析，跨文化交际将包括国际和国内两个不同维度的交际：国际性的跨文化交际和同一主流文化内不同群体之间的交际。

2.2 交际文化

不论是以较大群体组成的文化如东西方文化，以民族为基础组成的文化，还是主流文化内的不同的群体文化，每个文化大都有自己的文化系统。大多数情况下，共享的历史、信仰、价值观以及语言等使其各自的文化成员在很多方面有共同之处，这些共同之处为该文化规定和强化了交际系统。

在跨文化交际的研究中，从文化和交际的角度看，在同一主流文化内可能存在着众多的文化群体。不同的文化群体都有自己的交际系统。贾玉新把一个群体所共享的交际系统称之为交际文化（communication culture）[①] 这也就意味着任何文化群体的成员不仅属于大的文化群体，同时也属于若干不同的更具体的亚文化，还有诸如职业文化、代际文化、性别文化、公司文化等群体。

Scollon 把交际文化分为两种范畴系统，一种是自愿交际文化系统（voluntary communication cultural system），另一种是非自愿交际文化系统（involuntary communication cultural system）。自愿交际文化

[①] 贾玉新：《跨文化交际学》，上海：上海外语教育出版社 1997 年版，180~181。

系统指的是为特殊目标而设立的企业、公司、政府部门、学校等等。也就是说，这些交际文化是人们自愿选择的结果。非自愿交际文化系统是指那些诸如性别、代别、种族等相关的交际文化，这些系统并非是人们自愿选择的结果。

无论是自愿交际文化系统还是非自愿交际文化系统，文化交际系统中的人们都有一些共同的特征，即某一文化群体或交际文化的所有成员共享该文化系统的历史、社会、价值观等方面。同时也共享这个文化系统的交际规范。

跨文化交际的过程是复杂的。可以说每一种文化都由若干相互重叠的交际文化系统组成。例如，东西方文化、代际文化、性别文化都是相互交错的几种交际文化系统。这种对跨文化交际本质的认识可以帮助人们克服文化定势带来的弊端，同时也为对主流文化内的不同文化群体的交际文化研究提供依据。

2.3 本书所关注的文化和交际

我们知道文化和交际是两个词，但交际和文化密不可分。正如霍尔所说，文化就是交际，交际就是文化。我们很难分清哪个是说话，哪个是回应。交际是人们生存于社会以及保存自身文化的必经之路。文化通过交流被传递、学习、传承以及保存。人类交流是处于各种关系、群体、组织和社会中的个人接受信息、发送信息、与环境和他人进行交流的过程。

学者们提出的有关文化的定义涉及文化的诸多特点，如文化的传承性、后天习得性，文化的群体特征以及他们所共享的如历史、价值观等。本书所研究的文化是人类学层面的文化,"它包括任何风俗习惯、世界观、语言、亲属称谓系统、社会组织以及其他区别一个群体与另一个群体的日常行为"①。人类学角度对文化的界定考虑了观点、交际的任何一个方面或群体成员的各种行为,这些方面使得他们具有不同的身份。这些群体文化包括公司文化、职业文化、代别文化、性别文化等,是小群体文化,我们所研究的不仅是群体成员共有的文化特征,同时也关注更具体的、具有不同文化背景的人之间的交际。更具体地说,我们所研究的交际群体是具有不同文化背景的不同代际人群之间的交际。

---

① R. Scollon, & S. W. Scollon, Intercultural Communication: A Discourse Approach. [M]. Beijing: Foreign Language Teaching and Research Press, 2000, 126~127.

第三章

语篇系统

3.1 语篇系统的含义

Ron Scollon 在 1982 年在讨论跨语篇交际时首先提出了语篇系统这一概念。目前有关语篇的概念大体上分三类：传统意义上的语篇，较宽泛意义上的语篇和最宽泛意义上的语篇。传统的语篇概念最狭窄，通常指一系列连续的话段或句子构成的语言整体。语篇分析的内容包括语篇的结构、句子的排列、句际关系、会话结构、语篇的指向性、信息度、句子间的语句衔接和语义连贯等。较宽泛意义上的语篇指语言在社会环境中的社会功能，它寻找语篇在社会环境中的含义。这一范畴的语篇分析法研究语篇在社会环境中的概念意义（ideational meaning）、交际意义（interpersonal meaning）和语篇意义（textual meaning）。例如，会话中话题的位置，取决于参与对话的人之间的关系。R. Scollon 与 S. W. Scouon 提出的语篇系统是指最宽泛意义上的语篇,即交际的整个系统。① 这是一个包罗万象、自给自足的交流系统,包括一个群体共享的语言系统,作为某群体成员对所必须具备的知识的获取方法,以及与其群体成员的独特的人际关系和相互交往方式等等。再比如,我们可以研究学校老师的语言,或北美婴儿潮一代人的语言,再或外汇交易场所经营者的行话。要想成为某一群体成员,并与那一群体的成员建立关系,人们就需要掌握这一群体的行话或语言。

语篇系统由语篇形式、社会化、意识形态和面子系统四个部分组成:

1. 语篇形式(forms of discourse)

指语言的作用和非语言的作用,也包括语法语境如事件、体裁和媒介。修辞策略指是演绎还是推理,言语交际风格是直接还是间接。下面我们详细介绍一下语言交际的三种功能。

在跨文化交际中,作为文化的重要部分,语言起了一个非常重要的作用。我们都知道一个民族的历史、世界观、信仰、价值观、宗教及社会组织都会通过该文化的语言和各种语言变体表现出来。语言不仅仅反映文化中其他的一些基本结构,它是文化的一个直接的显著的特征。一个文化群体可能会有完全不同的方法来理解语言的基本功能。R. Scollon 与 S. W. Scollon 从文化的角度介绍了语言的功能。

(1) 传递信息与建立关系

交际学者、语言学家、心理学家以及人类文化学者一致认为语言有很多功能,当然至于有多少功能有很多讨论,不过有一点可以

---

① R. Scollon, & S. W. Scollon, Intercultural Communication: A Discourse Approach [M], Beijing: Foreign Language Teaching and Research Press, 2000.

肯定的是，任何交际都有传递信息和建立关系的功能。换句话说，当我们与他人进行交际时，我们既传递一定量的信息，同时也表明我们期待与交际者建立关系。在信息与关系的两个端点，有时语言的一种功能受到强调而另一种功能受到削弱。比如日常生活中的招呼语"How are you?""I'm just fine."这样的对话没有多少信息量，仅仅是寒暄而已，纯粹是关系层面的寒暄。而像天气预报这样的语篇完全是传递天气的信息。

当然，我们在此关注的并不是确立语言的信息功能还是关系功能。在某种程度上语言的使用兼具这两种功能。从跨文化的观点看，人们是更加注重语言的信息功能还是语言的关系功能？不同文化有不同的侧重点。R. Scollon 与 S. W. Scollon 指出，在语言沟通方面，日本这个民族就非常关注传递情感和关系，而不是传递信息。国际商务文化就注重交流信息而非强调建立关系。起源于中国唐朝的禅宗对中国、日本和朝鲜文化有深远影响。这种传统反映在交际方面就是最重要的事情不是依靠语言表达，而是领悟、沉思。与之相反的是西方的功利主义语篇传统强调语言的基本信息。

在跨文化职业交际中，就某一个特定的交际事件而言，强调信息与强调关系的差别有时会导致跨文化交际失误。从语言的功能角度看，西方人可能愿意把事情拿到谈判桌上来解决，因为他们相信在这种直接的谈判中人们得以交换信息。而亚洲人可能希望安排一些社交时间，这样参与者可以间接地接触对方，然后可以发展彼此的关系。

（2）协商和认可

文化在语言方面的差异不仅体现在语言的交换信息还是建立关系这一层面，它也体现在人与人之间的关系是可以自由协商的还是受社会规范限制并以固定形式来约束人们。这一维度是语言的第二

17

个功能。R. Scollon 与 S. W. Scollon 的研究指出，最近几年北美和其他一些地区的人们越来越开始反对在人际关系中过分强调语言的信息功能。研究心理压力的专家认为 Type - A 行为综合征（与心脏病关系很大）与过分强调数字、数量，直接沟通，而忽视或降低人际关系重要性有关。

现代西方社会已意识到成功的交际不能忽视人际关系。但是我们认为人际关系在亚洲国家和西方社会理解的方式会有很大不同。这种差异在于人际关系是被看作是受社会条约限制还是可以在个人之间随时建立。

在大多数文化里，亲属关系是社会结构的一个重要方面。在亚洲文化里，人际关系在长辈和子辈之间是垂直型的、有等级的。无论是家庭中父母和孩子之间还是家庭外教师和学生之间，这种关系都是社会所赋予、所认可的，而不是在一个特定的情形中重新确立的。人们的身份特征，是不能协商的，例如，你是某个人的女儿或儿子，你是某一宗族的后代。从出生开始，你就确定了你的身份。

与亚洲文化不同的是，在现代西方社会，"关系"一词的含义几乎指的是人们之间平等的关系。关系意味着平等和自由。

回到跨文化交际层面，这两种观点的主要差异在于协商还是社会所认可的关系。在传统的有等级的和代际关系中，语言被认为用来批准或认可人们之间已经确立的关系。而在现代西方社会关系中，语言被看作是协商正在进行的关系的一个重要方面。

在亚洲，有这样的情形，人们相互之间认识多年，共同从事互惠互利的商业，但他们之间仍然用对方的姓和商业头衔或官衔称呼对方。而美国的商人，他们有意与亚洲商人建立良好的商业关系，但经过一段时间接触后，他们意识到有时生意上的失败与他们没能与亚洲商人建立起用名字称呼对方这样的友好关系有关。成功的交际不能忽视人际关系。

(3) 群体和谐与个人利益

这是语言功能的第三个方面。一位日本心理学家在对解决问题时人们的群体过程的研究可以帮助我们理解语言的这个维度。有时研究者要求受试者单独解决一些问题，有时又要求他们以小组形式共同解决问题。该心理学家发现当小组内部对如何解决问题出现冲突时，人们最在意集体的和谐一致，即使这意味着整个群体必须只好选择一个糟糕的解决方案。换句话说，个性化的解决方案如果会带来不和谐，那么这个群体成员宁愿选择与该组和谐相处也不愿意表达他们自己个性化的解决方案。

其他学者也指出古代中国和古希腊修辞上的最大差别在于集体和谐和个人利益这个维度。中国的古典修辞强调以委婉的方式表达立场。早在先秦时期，不少先哲注意到劝说性修辞必须考虑对象、时机、场合等而不引起不安或不和谐。古希腊修辞强调通过有技巧的辩论赢得观点。

这种关于语言功能方面的文化差异对于跨文化交际会产生一定的影响。大多数研究表明在商务谈判中亚洲人认为采取极端立场会带来不和谐，他们倾向于采取不极端态度。而西方人自认为谈判双方在谈判中内心都想实现自己最大化利益，所以他们就按自己的内心行事，即便这会引起不和谐也无所谓。这种语篇上的差异有时会导致误解。

语言的功能也包括非语言方面如身体语言，空间的概念和时间观念。由于本书致力于讨论语言的作用。所以这一部分作者在此不作赘述。

2. 社会化（socialization）

指文化习得过程。我们从技术上很难给文化习得下个定义，因为不同的学科有不同的定义。从语篇分析的角度看，我们首先澄清一下与社会化相关的几个词：教育、社会化、文化濡化（enculturation）和文化涵化（acculturation）。

教育：一个群体的成员要取得语篇身份（discourse membership）和语篇认同（discourse identity）首先需要经过正规化的教育，正规化的教育有几个方面的含义。一方面指来自学校的教育，另一方面也包括公司对雇员的关于行为规则的指导如公司手册。例如，一个刚参加工作的员工，他或她可能对穿什么去上班不清楚。公司里可能会有指导手册告诉人们穿衣准则，这也是一种所谓的正规教育，也叫熟悉公司情况的培训。公司的指导手册会发给新员工，人们也会回答新员工提出的一些问题。

社会化：除了通过公司章程习得该公司的文化外，一个新员工也可以向其他老员工通过询问或观察或模仿的方式了解公司的文化，这就叫作社会化。

换句话说，社会化是一个人内化社会价值标准、学习角色技能、适应社会生活的过程。社会化的目的不仅是使人学习和接受社会文化，获得人的语言、思想、感情，掌握基本生活技能，学会一定的生产技能，懂得社会规范，明确生活目标，适应社会，成为社会的一份子，而且使上一代人的思想、技能、经验能传给下一代，使人能继承和发展文化遗产，维持代际关系，在适应社会的基础上改造社会，把社会不断推向前进。有一点清楚的是，在大多数文化里，孩子的首次学习是社会化过程而不是教育的结果。在行为方面小孩是通过模仿、练习、尝试以及别人的赞成和认可而学得如何行为而不是明确的培训。他们观察周围的人在做什么，怎么做。

教育和社会化的区别在于教和学的过程和步骤是否经由一个群体或社会正式地制定出来然后系统地应用在新员工身上。另一个区别就是教育通常是阶段性的，或正式地有规律地安排成几个阶段，而社会化通常是不间断的。教育的指导阶段通常有入学步骤和要求以及结业要求和仪式，同时还颁发毕业证书。在社会化过程中，很难确切地说一个人从事学习的准确时间。第三点值得注意的是教育和社会化有时是融合在一起的。例如，一个进入新的岗位的人可能接受过特殊培训，像刚才提到的公司手册，他也可能同时在观察老员工或有经验的员工的做法，从而仿效他们的行为。

最后，我们来谈谈文化涵化（acculturation）。人类学家和社会学家通常用这个词指两种不同文化和两个不同社会群体的融合。当一个群体比另一个群体更加强大，因而对第二个群体产生影响以至于第二个群体忘掉或者将自己的文化弃之，而接受更强大群体文化。这个文化学习过程就是文化涵化。

在大多数情况下，人类文化学者把早期文化学习过程叫文化濡化（enculturation），社会心理学家把这一过程称作初级社会化（primary socialization）。具体来说初级社会化指一个孩子成为他所属的文化或社会成员所经历的早期过程。总体来说，这种学习是在家庭和亲密伙伴之间完成的。比如，孩子上大学开始与家庭之外的人接触，这时二级社会化过程就产生了。在这种情况下教育产生了。

上述对社会化的介绍目的在于指出人的社会行为受早期的社会化影响很大，虽然说人的行为在以后的生活中会产生变化，但也只是小的变化，而不会是完全不同的行为模式。无论我们将来成为哪种语篇系统中的成员，带着初级社会化的烙印而进入的语篇系统比我们后期进入的语篇系统有明显的优势。

关于人和学习的理论，R. Scollon 与 S. W. Scollon 认为不同文化群体可能对理解人性的角度不同，因此 R. Scollon 与 S. W. Scollon 讨论了有关人性的三个方面即人的本性是好的还是邪恶的假设；群体还是个人是社会基本单位的观点；人们对生命周期的理解。笔者在此对这一理论进行简单的阐述。因为正如Scollon与Scollon在《跨文化交际：语篇分析法》一书中所指出的，讨论人性不是我们的目的，我们的目的在于阐明人性的问题对于一个人经历社会化进入一个语篇系统或一种文化意味着什么。如果你认为人的本性是好的，在教育孩子的过程中，你会认为孩子们在做正确的事情。如果你认为人的本性是邪恶的，那么在教育孩子的过程中，你就会认为孩子们会极尽所能地歪曲你所教的，或者拒绝合作。这种孩子的学习动机更有可能建立在惩罚和威胁而不是奖励的基础上。换句话说，一个社会或一个语篇系统内关于教育和社会化的理论会依据其成员的本性好坏这一概念。美国四代人的社会化研究就是依据这样的关于人的本性的理论。我们在这里稍微展开东西方关于人性的讨论。人性是什么？关于这个问题，无论中外，自古以来的圣哲多只以善恶来加以判别。中国古代儒家圣人基本上是人性本善观点的代表，其中尤以孟子的表达最为详细："人性之善也，犹水之就下也，人无有不善，水无有不下。"孔子对人性本善的最重要的解释是"仁"。孔孟的这种人性论观点深刻地影响了中国文化发展的道路。与中国古代圣人相反，西方古代哲人，尤其古代宗教先知是明确的人性本恶观点的代表。众所周知，基督教主张原罪说，即任何人天生就是有罪的，他们的最先天的思想来自其祖先——亚当与夏娃：偷食了智慧之果，懂得了男女羞耻之事。基督教原罪的观点指出任何人生来即是恶人，只有笃信上帝，才可能获得灵魂的拯救。中国人与西方人在关于人性本善和人性本恶观点上的传统差异深刻地影响了中西方文化长期以来不同的发展命运。从语篇系统的角度看，也影响了人们对后代的教育方式。

与人和学习的理论相关的第二个方面是关于个人还是集体是社

会的基本单位。人类学家许烺光认为亚洲社会建立在大自我概念上，这个自我包括家庭中的亲属，而西方社会的自我是一个小的自我，不包括其亲属。强调个体是社会基本单位的社会，其教育和社会化的中心是就个人学习和个人成功，甚至人们之间进行相互竞争。相反，一个强调广义人的概念的社会即包括家庭中的亲属，比如传统的儒家社会，那这个社会的教育和社会化就会注重发展这个大的群体单位。个人学习的活动和成功都被看作是大的社会单位活动，他们的成功也被看作是对社会的贡献。在此框架下，不难理解为什么移民到国外，如美国的华人子弟在学校里成绩优异，是群体观念在强烈地影响着他们的学习态度。

第三个与人和学习的理论相关的是关于生命的周期。在西方，人们认为人的生命周期可分为婴幼儿时期、童年、青少年时期、成人、中年、老年等。然而在欧洲早期历史时期，人们并没有意识到童年和成人的划分。以前人的寿命为50岁时，40多岁的人就会被看作是老人。一个青春期过后就生小孩的女孩，10多岁就会当妈妈，30多岁时就会当奶奶或姥姥了。现在无论在西方还是东方国家，人们推迟结婚，40岁要孩子的母亲怎么和10多岁要孩子的母亲相比？她们对孩子的初级社会化的认识是不同的。

人们对生命周期划分的不同，对社会化的理解也会有所不同。现代社会随着技术的提高、社会的进步，越来越多的人把时间投入到学习中。也就是说人们接受教育和培训的时间越来越长了，在有些社会，人们直接通过学徒的方式进入成年。

我们讨论关于人的生命周期的意义在于告诉人们在一个文化或语篇系统内，社会化过程对人们习得的语篇身份会产生重要的影响。

以上是我们关于社会化的讨论，涉及一些基本概念的澄清如教育和社会化、初级社会化和二级社会化以及关于人和学习和理论。

这些都能帮助我们很好地理解我们如何成为一个语篇系统的成员。

3. 意识形态（ideology）：指一代人或一个群体的历史的、文化的和意识形态的特征，如价值观念，世界观、信仰、宗教、文化的地位以及对待其他群体的态度。研究一种文化的最好方法是考察其历史和世界观。世界观对人的生活的方方面面都有影响，因为它是人们对世界的看法。胡贝尔（Hoebel）和弗鲁斯特（Frost）将世界观定义为："个人根据自己对文化的理解，对事物进行美化、塑造和安排的特有观点。"① 萨默瓦和波特（Samovar & Porter）将世界观概括为："一种文化对上帝、人道、自然、存在问题、宇宙、生命、苦难、疾病、死亡以及其他影响其成员感悟世界的哲学问题的看法。"② 这些问题表明如果一个人理解了一种文化的世界观和宇宙观，那么他便具有一种正确的理性思维去预测其他事物的行为和动机。例如，冥想是佛教传统中一种常用的方法，就是当一个人的"气"在丹田酝酿时，要注意自己的呼吸。这个例子说明世界观和人的行为之间的关系。世界观影响我们对事物的理解，影响我们的思维方式以及我们的信仰和价值体系。世界观由集体智慧所创造，作为被认可行为的基础，帮助人们生存和适应周围的环境。一种文化的世界观可通过多种渠道传送出去，表现为各种各样的形式。作为世界观的宗教在文化中起着支配作用。从古代起，宗教便利用多种途径向世人提供忠告、价值观和引导。我们在这里仅从文化的角度解读宗教的作用。正如哈维兰德（Haviland）所说，宗教可以强化社会道德，规范个人行为，并为社会提供共同目的和价值观的基础。

---

① E. A. Hoebel, & E. L. Frost, Cultural and Social Anthropology [M], New York: McGraw-Hill, 1976, 324.
② 萨默瓦、波特：《跨文化传播》（第四版），闵慧泉等译北京：中国人民大学出版社 2004 年版，107。

由此可见宗教与文化是紧密相连的。从中美跨文化交流的角度看，影响两国文化价值观的应属基督教和儒教。我们能够在基督教中找到个人存在的根源，以及注重行动和未来的倾向。耶稣致力于行善，对基督徒来说，"无论过去发生什么，未来都能给人以最大的希望"①。在中国，儒教对中国文化的方方面面都影响。儒家思想指的是儒家学派的思想。中国文明史经历了夏、商、周近1700年之后，春秋末期思想家孔子所创立的儒家学说在总结、概括和继承了夏、商、周三代尊尊亲亲传统文化的基础上形成的一个完整的思想体系。该体系强调对统治者的忠心，对父亲的顺从和正确的行为。儒家思想的核心内容可以归纳为"仁、义、礼、智、信、恕、忠、孝、悌"。"仁"，即爱人，是孔子思想体系的理论核心。对孔子来说，它是理应存在于人与人之间的理想关系。春秋时代学在官府，孔子首开私学，弟子不问出身贵贱敏钝，均可来受教。"仁"体现在政治上是强调"德治"，德治的基本精神实质是泛爱众和博施济众。爱人既为仁的实质和基本内容，而此种爱人又是推己及人，由亲亲而扩大到泛众。"义"：原指"宜"，即行为适合于"礼"。孔子以"义"作为评判人们的思想、行为的道德原则。"礼"：孔子及儒家的政治与伦理范畴。在长期的历史发展中，"礼"作为中国封建社会的道德规范和生活准则，对中华民族精神素质的培养起了重要作用。"智"：同"知"，孔子的认识论和伦理学的基本范畴。指知道、了解、见解、知识、聪明、智慧等。孔子认为，"知"是一个道德范畴，是一种人的行为规范知识。"信"：指待人处事的诚实不欺，言行一致的态度，为儒家的"五常"之一。孔子将"信"作为"仁"的重要体

---

① T. C. Muck, Those Other Religion in Your Neighborhood: Loving Your neighbor When you Don't Know How, Grand rapids, MI: Zondervan Publishing House, 1992, 165.

现，是贤者必备的品德，凡在言论和行为上做到真实无妄，便能取得他人的信任。"恕"：己所不欲，勿施于人，包含有宽恕、容人之意。"忠"：己欲立而立人，己欲达而达人。孔子认为忠乃表现于与人交往中的忠诚老实。"孝"：孔子认为孝悌是仁的基础，孝不仅限于对父母的赡养，而应着重对父母和长辈的尊重。这些思想正是中国古代道德文明的体现。然而孔子论孝，还讲"父母在，不远游"。宋明时代把孝道作为道德论中最重要的范畴之一，理学家朱熹提倡父权绝对化。孝观念提倡子女对父母的"尊""敬""养老"。"悌"：指对兄长的敬爱之情。孔子非常重视悌的品德，其弟子有若根据他的思想，把悌与孝并称，视之"为仁之本"。

儒教在许多方面影响着人们对世界的认知和相互间的交往。孔子思想"仁"的部分思想教导我们用自己的心灵去感受别人的心情。这种待人方法使得倾听成为人际交往中一个很重要的方面。另外，社会地位也是人们考虑的一个因素，人们在称呼方面所使用的尊称就显示了等级差异。再次，讲究礼仪也是儒家倡导的原则。在孔子看来，遵循社会规范和日常礼仪有助于塑造人的品性。最后，儒家提倡人们使用含蓄的语言。这一点与美国人习惯直截了当、开门见山式的话语截然不同。儒家思想的这种话语风格可能与儒家所倡导的和谐关系有关。

信仰的重要性在于它们常常反映在人们的行为中，影响人们的意识，也影响人们的交流方式。当你在一种文化中长大的时候，那种文化便决定了你相信什么是有价值的，什么是真实的。价值观是另一个影响东西方交际的重要因素。鲁凯克（Rokeach）说"价值观是一套做出选择和解决冲突的习得的规则"①。阿尔伯特（Albert）强调了价值观的重要性。他写道："价值体系代表的是一种人们期待或希望的东西，也是人们需要或禁止的东西。它并不是关于实际行为的报道，而是一套衡量体系，通过它，行为得以判断，制裁得以实施。"② 萨默瓦与波特（Samovar & Porter）也同样认为价值观告诫人们什么是好的和坏的，什么是正确的和错误的，什么是真实的和虚假的，什么是正确的和反面的。③ 总之，价值观指导人们的行为和看法。代表西方文化主流的是美国的文化价值观。而美国的文化价值观的主流是个人主义。个人主义的核心是 individual independence，即个人独立。美国伯克利加州大学社会学教授罗伯特·贝拉和三位社会学教授、一位哲学教授于 1985 年出版了《精神习俗：美国生活中的个人主义与理想追求》一书。该书的主旨是从文化上研究个人主义的价值观在美国中产阶级生活方式中的表现及其社会影响。贝拉教授等学者指出美国中产阶级的价值观即个人主义的价值观，即个人竞争、奋斗、自主、独立。这些特点是美国的主流文化价值观。以美国为代表的个人主义文化价值观已在西方成为一种占主导地位的社会意识形态，并形成一个完整的理论体系。它主要包括四个方面的内容：①个人主义的社会历史观。该观点认为个人是社会的主体，主张利己主义、个人英雄主义和自由主义。②个人主义的人性观。认为人的本性是自私的，人具有最大限度地满足自己的物质享受和精神享受的权益，主张要尽可能实现和发展人自身的

---

① M. Rokeach, The Nature of Human Values〔M〕. New York: Free Press, 1973, 161.
② E. Albert, "Value System" in The International Encyclopedia of the Social Sciences, vol. 16. New York: Macmillan, 1968, 32.
③ L. A. Samovar. & R. E. Porter, Communication Between Cultures〔M〕, 2nd ed, Wadsworth Publishing Co., 1995, 68.

天性。③个人主义的财产观。主张财产私人占有，个人拥有对财产的绝对自主权。④个人主义的幸福观。认为人有追求与享受幸福的权利和天性，追求和享受眼前的幸福是人们活动的主要动力。简言之，个人主义是美国文化的基石。个人成就、自主权利和自由是最荣耀和最神圣的美德。不管是过去影片中的西部牛仔还是当今计算机游戏里的战斗英雄，美国的代表性人物都是以独立的个体身份出现，在极少或没有任何帮助的情况下实现了自己的目标。可以看出个人主义是美国精神的象征。萨默瓦与波特在《跨文化传播》（Communication between Cultures）这部著作中还概括了与美国个人主义密切相关的其他几个特征，即追求平等、物质主义、科学和技术、进步和变化、工作和娱乐以及竞争。这些个人主义的种种表现渗透于美国社会和生活的各个领域，支配着人们的信念、态度和行动，也决定人们如何进行交际。

中国传统文化提倡和倡导的是集体主义。集体主义强调整体大于个体，个人不能脱离社会。孝（服从父母，孝敬父母，尊崇父母，赡养父母）、谦虚、尊卑有序、忠于上司、仁爱、和谐、义务、贡献等是集体主义所倡导的核心精神。关于个人主义和集体主义的其他特征，本书将在后面价值观维度中进一步分析。

总之，意识形态涉及历史、世界观、价值观等概念，其中价值观是文化中最深层的部分，它是人们在社会化的过程中逐渐获得的。首先是在家庭中受到父母的教育，之后在学校里受到正规的教育，同时朋友、同学、同事也会给予各种影响。电视、电影、互联网等大众传媒也时刻施以强大的影响。所有这些在一个人的价值观形成中起着很大作用，成为人们行动的指南。

4. 面子系统（face system）

面子系统指人们喜欢采用什么样的人际策略来和本语篇成员和

他语篇成员进行交际。换句话说该系统指的是一个文化群体在其组织关系中的方式也即人际关系，它包括亲属关系，自我概念，内群—外群，长期—短期关系。

（1）亲属关系（Kinship）

亲属关系的两个方面对跨文化语篇至关重要，即等级的和集体关系。亲属关系强调上一代人优于下一代人。这种等级关系影响了语篇形式。人们学会了对长辈尊重，对长辈尽职尽孝，也知道长辈的指导和领导作用。中国家庭中的"内外有别，长幼有序"就体现了等级关系。影响语篇的第二个亲属关系因素，即一个文化的个体成员并不是作为一个独立行为的个体，而是在亲属关系这个等级网内行事。在亲属关系中家庭起了非常重要的作用。虽然一种文化的核心价值和世界观主要源自其主导的宗教观和文化史，但家作为这些观念和价值的守护者，同时也在把它们向其成员传递。家教给孩子关于它们所生活的社会的历史背景知识，带给关于他们所处的文化的永久属性的信息，以及具体的行为、习惯、传统和同种族文化社会中的人交流的语言。家庭在任何一个国家都是重要的社会单位。美国作家威廉·塞叶（William Thayer）曾写道："家是怎样的，社会就是怎样的。"① 著名人类学家玛格丽特·米德（Margaret Mead）也强调文化、家庭与行为之间的关系。米德认为："给婴儿洗澡和喂养的方式，惩罚或奖励他们的方法，都为我们了解一种社会特性的形成提供了大量线索。"② 米德的观点表明文化对一个人成长的影响。一个和许多人生活在一起的孩子会知道什么是大家庭；一个在有老人的家庭里长大的孩子会知道如何对待老人。家庭是一个国家

---

① 萨默瓦、波特著，《跨文化传播》（第四版）[M]，闵慧泉等译，北京：中国人民大学出版社2004年版，134。

② 同上。

重要的社会单位,但由于各个国家的文化传统不同,家庭的组成呈现出纷繁的局面。在西方国家,核心家庭占主导地位,主干家庭即大家庭(一个家庭中有两代以上的家庭)数量很少。过去,中国人大多都是大家庭的,后来有了独生子女一代人,他们生活在核心家庭中。在美国,大多数儿女成家以后,一般都离开父母,单独居住。父母年纪太大无法照顾自己也不愿与儿女合住。对待孩子,他们培养孩子独立精神。小孩有自己独立的房间,儿女与父母之间的关系是平等的。但在我国文化传统中,家庭占有极为重要的地位。虽然核心家庭现在呈上升趋势,但几代同堂的大家庭还是存在的。家庭中存在等级制度,一般来说,家长在家中的威望和地位是最高的,家庭中的其他成员都要听从于家长的安排。儿女的婚姻父母也要做主。父母年龄大了,儿女有义务赡养父母,与父母住在一起。孝顺父母是中国传统道德的一个重要部分。《孝经》对于如何尽孝做了详细规定,民间也有二十四孝故事。对于不孝,虽说法律上没有明确的惩罚条例,但是舆论会给不孝的人很大的压力。易中天说:"一个传统社会中的中国人,他的身份、地位、价值、权利、义务和责任,都是和他的家庭、家族紧密联系在一起的……"① 家庭的重要地位使得亲戚成为社会关系的一个重要特征。

(2) 自我概念

该自我概念指的是一个人或自身作为社会组织的一个单位而存在。对于自我概念的理解,西方文化一直以来强调个人与社会的分离,强调个体的自我,尤其是追求社会和政治目标时更是如此。美籍华裔人类学家许烺光(Francis L. K. Hsu)在他的心理人类学著作《彻底个人主义的省思》中阐明:"我们的行为以及我们之所以成为

---

① 易中天:《闲话中国人》,北京:华龄出版社1996年版。

美国人或日本人，关键在于我们与人所建立的关系。"他认为人与其所在的社会和文化是可分的。许烺光在讨论情感、个性和文化的话题时，提出一个关于人的七个层次心理社会构造图（Psychosociogram of Man）①（1983：200～203），该图的第三个层次是关于人，思想，事物，它们构成了"关系密切的社会和文化"。中国人的未来与他们的父母、孩子紧密联系在一起。Scollon Scollon 认为亚洲人更加注重与其社会成员之间的关系，而西方人，尤其是美国人更加强调他们作为人的独立性。

（3）内群－外群

这一维度涉及与自己群体成员建立关系还是与外群成员建立关系。Triandis 认为内群关系非常重要，其成员会对群体利益做出牺牲。集体主义文化就属于这样的内群关系②。陈国明提出 中国人的内群关系有五种：亲戚、同事、同乡、师生及同学③。东亚人主要是与内群人建立密切关系。这种对圈内人的偏爱会影响我们对圈外人的观察视角，影响人际关系的发展。

（4）长期－短期

长期关系形成一种互补的社会互惠关系，这种关系被认为是一种非对称的互惠义务。中国人总是对别人给予的帮助心存感激。在社会交往中，他们总是寻找机会回报人情。受儒家思想影响，东亚人的人际关系发展的模式是长期的义务性的关系。Yum 认为中国人

---

① Hsu, Francis L. K. Rugged Individualism Reconsidered: essays in psychological anthropology [M], Knoxville: University of Tennessee Press, 1983.
② W. B. Gudykunst, Cross - Cultural and Intercultural Communication [M], Shanghai: Shanghai Foreign language Education press, 2007.
③ Chen, G. M. & Chung, J. The Impact of Confucianism on Organizational Communication [J]. Communication Quarterly, 1994, 42.

交朋友讲究时间越长越好①。理想的境界是为朋友两肋插刀。朋友关系更近。桃园三结义传为千年美谈。人们把刘关张的生死与共的友情当作朋友关系的典范。短期的对称的互惠关系是北美人人际关系的主要模式。他们不把承诺和义务看作是人际关系发展的重要方面。在美国，人们处于经常流动之中。即使在一个地方，美国人也喜欢有不同的朋友圈子。这些圈子是相互独立的，朋友之间不愿意承担过多的义务。

这些组成部分相互影响、相互作用。语篇系统规定了在一个自我强化和以个体为基础（不是以社团为基础的）圈子内或在一个语篇社团内（discourse community），作为交际者，一个社会成员所应具备的一切：思维方式、社会化，以及包括制约交际行为规则在内的交际系统。语篇系统可分为自选型语篇（voluntary discourse）和非自选型语篇（involuntary discourse）。自选型语篇是带有一定功利目的的语篇，如公司、政府、学校和其他一些机构为了达到特定的目标而选用的语篇。公司语篇的目的是为了获取利润，学校语篇的目的是为了教育孩子。非自选型语篇是由性别、种族、代别、人种等一些特征所形成的特定语篇。个体在是否选择这些语篇特征的问题上没有太多的选择，这些语篇特征是给定的，生成的。

3.2 语篇系统分析法的重要性

长期以来跨文化交际的研究都是从文化特征的描写出发探讨交

---

① Yum J. O. The Impact of Confucianism on Interpersonal Relationships and Communication Patterns in East Asia. Communication Monographs, 1988, 55, 374~388.

际的过程。文化特征是抽象的总体特征，不是具体的个体特征，而交际是发生在个体层面上的交际，是人与人之间的交际。用总体文化特征来指导个体间或人际的交际不免会出现一些问题。语篇系统分析法则反其道而行之，从个体交际出发，推断文化特征。语篇系统分析法将跨文化交际看作人际间交际。人际的交际是通过语篇得以实现的。在跨文化交际研究中，语篇或语篇系统自然地代替了文化或文化系统，跨语篇交际概念自然代替了跨文化交际概念。语篇系统成了核心概念。在语篇系统中，语篇系统特征又通过社会化过程被其成员认可。认可后的语篇特征（而不是给定的文化特征）可以被其他语篇系统成员作为推断、预测和理解言语行为的基础，交际的真正含义因而可以得到准确全面的把握，从而避免了由文化定势造成的种种误解、歧视，甚至仇恨。

第四章

代别文化

4.1 关于代的概念、代沟

在研究代际语篇系统之前,首先必须对"代"的本质内涵进行基本的介绍。在日常生活中,每当人们在讨论代和代际关系的时候,总是将"代"作为一个不加定义的词使用。这也许与"代"的自然属性有关,即与年龄有关的问题。这是传统意义上对"代"的理解。谢选骏在《第四代人》这部书的《序》中将"代"的自然属性定义为"年龄集团"[①]。这种自然属性自然地把不同代人区别开来。不管某一代人具有怎样的社会文化特性,这一代人作为"自然的"一代人是无法改变的。我们必须在构成一代人的年龄层中,来理解他们所面临的特定的社会文化条件环境以及他们所具有的不同于其他各代的价值观念、思维方式乃至语言习惯。然而现代社会文化变革加速,代际更换频繁,"代"的自然属性这种形式上的意义已不能反映

---

① 张永杰,程远忠:《第四代人》,香港:中华书局香港有限公司1989年版。

"代"的实质。人们已经更倾向于以社会文化标准来划分"代",赋予"代"社会文化属性。基本相同的需要、价值观念、思维方式和语言习惯等因素才真正构成"代"的实质性内容。这一点决定了文化意义上的"代"已经成了研究者和社会大众关注的焦点。因此,"代"的概念被表述为不同年龄群体的文化特征,指的是一定社会中具有大致相同年龄和类似社会特征的人群,具有自然和社会两重性。国内学者王江在关于"第五代人"的界定一文中指出:"人类的代际更替,如果从价值观及其变化的角度把握,就是对人群不仅作横向区分,还作纵向区分。"① 他所说的横向区分即人的自然属性,而纵向区分相当于代的社会属性。

至于"代沟"问题,不同学者有不同的观点。葛道顺在《代沟还是代差》一文中提出相倚性代差论,认为"代"是一定社会中大致相同的年龄和类似社会物质的人群,在一个稳定的社会里普遍的代沟是不可能的,而代差的产生和扩大是必然的②。刘少蕾在《新的代沟——60 年代子女及其大学生》一文中认为代沟是两代人在各自社会化的过程中,由于社会条件、社会化活动的重点及其在社会中充当的社会角色不同,从而在思想意识、价值观念等行为方式上存在着极大的差异③。比较权威的定义当属周怡在《代沟现象的社会学研究》中的定义。她认为:"由于时代和环境条件的急剧变化、基本社会化的进程发生中断或模式发生转型,从而导致不同代之间在社会的拥有方面以及价值观念、行为取向的选择方面所出现的差异、隔阂及冲突的社会现象。"④

---

① 王江:《第五代人研究》,《中国青年研究》,2002 年第 3 期。
② 葛道顺:《代沟还是代差》,《中国青年研究》,1994 年第 7 期。
③ 刘少蕾:《新的代沟》,《青年研究》,1996 年第 4 期。
④ 周怡:《代沟现象的社会学研究》,《社会学研究》,1994 年第 4 期。

不过，严格意义上的"代沟"一般只出现在巨变的社会条件下。因为在变迁缓慢的社会中是不会或很少出现代沟的，更不会出现代际冲突。在停滞社会的时间流程中，人们可以预期的未来社会不过是过去社会的"复制"和自然流淌，一切伦理道德、文化习俗、社会规范、价值体系都是固定的、神圣不可侵犯的。年轻一代只要通过学习就可以应付他们面对的一切。长辈在传承文化的同时，作为青年一代的榜样，其自身也是知识和智慧的化身。因此，在这种背景下是不会产生两代人的冲突的。

然而，在巨变的社会条件下，传统社会规范、价值体系受到冲击并发生断裂。当年轻人面临着一个急剧变化的社会或是一个全新社会，而过去从父辈那里学来的经验又不足以解决他们的生存问题时，他们就不得不在同辈中寻找经验和认同，从而获取了与祖辈完全不同的知识和经验，形成"代差"或"代沟"。

每一种历史文化现象都有其产生的深刻原因。"代沟"及"代际冲突"作为工业革命以来人类社会出现的社会文化现象，具有不可逆转性，也就是说，人类科学革命所带来的社会持续进步，使每代人所置身的环境总是不同，由此，不同代人对社会变化的感受势必存在着这样或那样的差别。

4.2 代与文化

代的问题从根本上来说是一个文化问题。使一代人成为一代人主要是文化的共同性。代际差异或代际冲突实际上就是两代人在文化上的差异和冲突。当然这种差异或冲突是两代人而不是两种文化人在同一种文化上的差异。正如张永杰和程远忠在《第四代人》这本书中对代与文化的解释："两代人之所以被称作两代人而不是两种文化人正是由于文化上的普同；而两代人之所以被称为两代人而不是一代人，又正是由于他们在文化上的差异。"①

由于每一代所面临的社会文化背景不同，生存时空条件的差异，以及每一代的价值观、需求、思维方式的差异，一代具有一代独特的代文化。廖小平将代文化解释为："某一代所特有的、能与其他代文化相区别的文化，它能反映这一代的文化本质，体现其文化面貌和文化特征，它具有稳定性的特点。"② 代文化从产生、形成到成熟是遵循一定规律的。张永杰和程远忠将其归结为从反抗文化、亚文化到社会主体文化的过程。这里需要解释的是反抗文化只是一种文化现象，是一种瞬时性文化，是对传统文化的反抗，是由外来文化冲击造成的。所谓亚文化是与社会主流文化相对的。这一概念与我们在前面介绍的群体文化有相似之处，其特点是与社会其他群体共享一种文化模式，但在语言、习俗、价值观和社会习俗等方面具有独特性。社会主流文化是由社会大多数人所奉行或社会权力掌控者所控制的文化。从代际关系角度来分析，廖小平将青年文化解释为亚文化，笔者也赞同这一观点。因为在后面当代中国人代际语篇系统的实证研究中，第五代人即自我一代人，主要由青年构成，他们的语篇系统模式表现出与老一代传统语篇不同的模式，他们有自己的语篇系统，也可以说是一种青年文化所反映出来的语篇系统。相对于亚文化而言，社会主流文化，廖小平提出，不是笼统的"社会"，而是指中年和老年，尤其是中年。有一点值得注意的是，在现

---

① 张永杰，程远忠：《第四代人》，香港中华书局有限公司1989年。
② 廖小平：《伦理的代际之维》，北京：人民出版社2004年版。

代社会，青年文化对成人文化的影响越来越明显。廖小平认为现代社会的青年文化已转变为社会主流文化的一部分，因此用"亚文化"来概括全部青年文化未免有些过时了。所以，我们应该用动态的眼光来看待代文化，要从代的差异性中来把握同一性，从差异性中把握同一性。

4.3 代际划分

代际的划分和更替是一个客观现象和更替过程。但当它与重大的社会历史现象相联系，从而构成一代人的共同经验和文化价值时，代际的划分便涉及社会学和文化人类学。自20世纪80年代，代际理论传入中国，中国各个领域的学者分别从社会学、文化人类学、青年学等多维度视角对代际关系和代沟现象进行了描述与分析研究，迄今已有20年的历史。1989年，张永杰和程远忠出版了《第四代人》一书，他们根据玛格丽特·米德关于"重大事件产生一代人"的观点，以政治人格为主轴，将新中国成立后中国社会人群划分为四代人：从革命时代走过来的第一代人；新中国成立后17年成长起来的第二代人；"文革时代"的第三代人；60年代出生的第四代人；关于第五代人，有大量书谈及，如《独生子女宣言》《第五代人》《新新人类》《酷的一代》，上述书多把"第五代人"断为70年代及稍后出生的人。王江在2002年《中国青年》发表一篇关于《第五代人界定》的文章，将1976~1985年出生的一代人断为第五代人。北大学者刘能①（2003，7）在《当代中国人的生活方式：多维度的解析》一文中将当代中国人分为五代人，即战争和共和国一代（1945年以前出生）；"文革"一代（1946～1955年出生）；"恢复的一代"（1956～1967出生）；"三明治一代"（1968～1979年出生）；"自我一代"（80年代以后出生的人）。这种划分到目前为止是较为科学和完整的，作者在研究中采纳这一代际划分法来研究中国五代人的语篇系统。

4.4　国内外对代的研究

代际问题真正成为世界性的社会问题则是在第二次世界大战以后，因为当时社会正处于急剧变化时期，而代际冲突尤其明显。美国人类学家杰弗里·戈若较早研究了代沟现象，他在1948年出版的《美国人：一项国民性研究》中提到，由于迁徙到新的环境中，美国的父辈丧失了欧洲的父辈所具有的权威性，他们常遭到更能适应新生活的儿子的拒斥。而最具影响力的著作则是美国文化人类学家玛格丽特·米德在1970年出版的《文化与承诺：一项有关代沟文化的研究》。该书从文化传递的方式出发，将整个人类的文化划分为3种基本类型：前喻文化、并喻文化和后喻文化。"前喻文化，是指晚辈主要向长辈学习；并喻文化，是指晚辈和长辈的学习都发生在同辈人之间；而后喻文化则是指长辈反过来向晚辈学习。"这三种文化模

---

① 刘能：《当代中国人的生活方式：多维度的解析》，《广西民族学院学报》（哲学社会科学版），2003年第25卷第四期。

式是米德创设其代沟思想的理论基石。

前喻文化，即所谓"老年文化"，是数千年以前原始社会的基本特征，事实上也是一切传统社会的基本特征。从这里出发，米德阐释了前喻文化的基本特点，即尽管有可能发生这样或那样的微弱变化，但人们的生活道路是无以改变的。这种无以改变的文化之传递则依赖与生物学有关的世代接替。由于古往今来变化甚微，这人数极少的长者对他们生活于其中的文化了解最深，他们的经历本身就是一种文化。因此，他们是整个社会公认的行为楷模，当然更是年轻一代的行为楷模。在这种以前喻方式为特征的文化传递过程中，老一代传喻给年轻一代的不仅是基本的生存技能，还包括他们对生活的理解、公认的生活方式。为了维系整个文化的绵延不断，每一代长者都会把将自己的生活原封不动地传喻给下一代看成是自己最神圣的职责。如此，年轻一代的全部社会化都是在老一代的严格控制下进行的，并且完全沿袭着长辈的生活道路。在这样的文化中，尊敬老人自然成了一种最为基本的美德。孩子们在成长的过程中就能够毫无疑问地接受父辈和祖辈视之为毫无疑问的一切。这种文化的传递方式从根本上来说排除了变革的可能，当然也就排除了年轻一代对老一代的生活予以反叛的可能，排除了代沟产生的可能。

并喻文化，从根本上来说是一种过渡性质的文化，它始于前喻文化的崩溃之际。米德列举了战争失败、移民运动、科学发展等导致前喻文化崩溃、并喻文化诞生的诸多历史原因。所有这些原因都有一个共同的特点，即先前文化的中断使年轻一代丧失了现成的行为楷模。既然前辈无法再向他们提供符合时代要求的全新的生活模式，他们只能根据自己切身的经历创造之，只能以在新的环境中捷足先登的同伴为自己仿效的楷模，这就产生了文化传递的并喻方式。在并喻文化的形成过程中，酿就了最初的代际冲突。对于年轻一代来说，在新的环境中，他们所经历的一切不完全同于，甚至完全不同于他们的父辈、祖辈和其他年长者。而对于老一辈来说，他们抚育后代的方式已经无法适应孩子们在新世界中的成长需要。米德借移民家庭中的情况，充分证实了这种由于老一辈不再能够继续引导青年前行而产生的代表新与旧两种生活方式的两代人之间矛盾与冲突的必然性。

后喻文化，即人们所称的"青年文化"，这是一种和前喻文化相反的文化传递过程，即由年轻一代将知识文化传递给他们生活在世的前辈的过程。如果说在前喻文化（即传统社会）中，社会化的对象是社会中尚未成年的个人，那么，借用社会学的术语，后喻文化则是一种不折不扣的"反向社会化"。在这一文化中，代表着未来的是晚辈，而不再是他们的父辈和祖辈。

米德的后喻文化理论完全基于二次大战以来迅猛的社会变迁。二次大战以后，科技革命的蓬勃发展使整个社会发生了巨大的变革。以电子计算机为核心的电子技术、生物技术、激光和光导纤维为主的光通信技术、海洋工程、空间开发，以及新材料和新能源的利用，都使人与人的关系、人与自然的关系在几十年中发生了翻天覆地、无以逆转的变化。未来再也不是今天的简单延续，而是今天的发展之果。

另外，美国社会学家和政治学家查尔斯·赖克 1970 年出版的《美国的返青》一书也是西方关于代际关系研究的经典论著。1978 年 Layne Longfellow 利用国家及世界重大事件将美国分为专制一代（在 1919~1928 年出生）、经济萧条和战争年代（1929~1945 年出生）、婴儿潮（1946~1964 年出生）和信息时代（1964~1980 年出生）四代。这四代人划分的理论依据是意识形态以及间接社会化。Ron Scollon 和 Suzanne Wong Scollon 在 Layne Longfellow 提出的框架基础上补充了语篇形式和面子系统，并运用语篇系统理论分析了美国四代人之间的语篇系统差异。美国语篇系统的研究为中国当代代别语篇系统研究提供了理论框架。

我国学者关于代沟的研究起步比较晚，近十多年来，伴随着社会转型和文化变迁的加剧，代沟在日常生活中日益明显，这一社会现象开始引起了社会科学者的关注。1989年张永杰和程远忠出版了《第四代人》一书，他们根据玛格丽特·米德关于"重大事件产生一代人的观点，以政治人格为主轴，将中国社会人群划分为四代人，这是我国学者较早的对代沟现象进行的系统研究。自此以后，由于代沟现象在社会生活中日益普遍，而其影响也已从家庭领域渗透到社会生活的各个方面，我国不同领域的学者从不同的角度对此进行了大量的研究探索，在青年研究类、社会科学类和人口学类刊物上也出现了许多这一方面的理论和实证论文。2003年，北大学者刘能在《当代中国人的生活方式：多维度的解析》中提出一个建立在中国各代人社会经历基础之上的代际框架，对各代人在家庭生活、日常消费取向、职业生涯、社会关系、科技产品消费、娱乐、时尚和社会意识等八个重要生活方式维度方面的态度和行为，进行了具体的剖析并最终提出几个总体结论。还有学者从文化人类学的角度进行了代际研究。尚会鹏[①]运用了文化人类学的方法分析了《中原地区的分家现象与代际关系》，还有一篇这一角度的论文刊发于1998年第2期的《前进》上，题为《代沟及其文化溯源》。代沟现象是一种社会学现象，也是青年学者所关注的，同时它还是一个基于人类学的事实，因此，从这三个角度进行分析便成为当前代际研究的主流，但真正地将代放置在跨文化视角研究代与代之间的语篇系统

---

① 尚会鹏：《中原地区的分家现象与代际关系》，《青年研究》，1997年第1期

在国内很少，甚至没有。香港的《南方晨报》（South China Morning Post）只是描述了几个重要的香港婴儿潮一代人的生活。在香港大学生中所做的类似非正规语篇分析表明香港不同代别成员之间的差异是相似的，这些差异组成不同的代别语篇系统。但基本没有涉及用语篇系统理论研究代别差异。因此从跨文化的角度，运用语篇系统理论研究代际间的语篇系统填补了中国代际研究的空白。

第五章

中国当代代别语篇系统研究

5.1 引　言

　　近几年来，跨文化交际研究的视角越来越宽泛。研究的理论框架越来越多样化，研究的内容越来越微观化和个性化。从文化的角度看，跨文化交际研究开始由较大群体的文化（如东西方文化）向较小群体（如职业、性别、代别）转移；从交际的角度看，学者们开始重视更具体的或更小的群体之间，乃至个人之间的交际，把研究重点转向人际之间的交际。这本关于中国当代代别语篇系统的研究专著就是对不同时代的人之间的交际的研究。北大学者刘能在《当代中国人的生活方式：多维度的解析》一文中将当代中国人分为五代人，美国学者 Ron Scollon 和 Suzanne Wong Scollon 在《跨文化交际：语篇分析法》①中从意识形态、社会化、语篇方式和面子系统

---

① R. Scollon, & R. W. Scollon. Intercultural Communication: A Discourse Approach [M]. Beijing: Foreign Language Teaching and Research Press, 2000.

四个方面介绍了美国四代人的代别语篇系统，而中国的代别语篇系统研究是一项空白。中国的五代人文化背景不同，他们的交际形式如何正是本章要探讨的课题。

5.2 理论框架

本课题所依据的理论框架是 Ron Scollon 与 Suzanne Wong Scollon 于 1982 年提出的语篇系统。笔者认为语篇或语篇系统的概念不同于狭义的语篇概念，即如何使用语法手段进行句内和句际间的衔接以达到语篇连贯，也不是指较宽泛意义的语篇，即语言在社会环境中的社会功能。该理论指的是最宽泛意义上的语篇，即交际的整个系统。Ron Scollon 与 Suzanne Wong Scollon 认为语篇系统由四部分组成：语篇形式（forms of discourse）、社会化（socialization）、意识形态（ideology）和面子系统（face system）。这些组成部分相互影响，相互作用。意识形态指的是一代人或一个群体的历史、社会和思想特征，包括价值观念。社会化指的是文化身份习得过程，包括初级社会化（primary socialization）如家庭教育；生命周期（婴幼儿阶段、童年、青少年、成年、中年等）和学校教育（secondary socialization）。语篇形式指普遍的交际形式，包括语言的作用和非言语交际。为了便于研究，本课题只讨论言语交际即语言的作用和言语交际风格。面子系统主要指人际关系，包括亲属关系（平等的还是有等级的儒家关系），自我概念（个人主义还是集体主义，独立还是相互依赖），内群－外群关系（与自己圈子的人建立关系还是与外圈人），是暂时的还是长期的关系，在称呼上是以表示平等关系的名字还是以显示等级关系的姓称呼对方。该理论探讨的是不同文化背景下，不同群体成员之间的交际。它不仅对西方人和东方人，而且对不同职业、性别、代别等不同群体的成员之间的交际进行了诠释。

本研究依据上述理论框架，但意识形态侧重研究价值观；社会化侧重育儿、青少年教育；语篇形式侧重语言功能的变化（如书信—电话—手机—电脑）和崇尚的言语交际风格。面子系统侧重称呼的变化，人际关系的变化。

5.3 研究设计

为了便于集中起来调查，也为了提高问卷的回收率，更重要的是所需的费用不高，本问卷以生活和工作在北京地区的五代人为研究对象，多数是年轻人和高教育程度者。我们的问卷从2011年4月开始，到6月底结束，时间为两个月。对年长者，问卷主要采用调查员和被采访者一一填答方式，从而调查员对填答过程有了全面的掌控，也确保了信息采集的效度。其他的问卷有的在大学课堂（采访对象为80后）当场发放，当场回收。有的是通过电话访谈，还有个别是通过E-mail形式发放和回收。我们总共发放1073份问卷，回收1073份，其中"共和国和战争"一代人为198人，"文革"一代人为173人，"恢复"一代人为233人，"三明治"一代人为223人，"我字当头"一代人为246人，略高于前四代人数。

①研究方法：本研究采用问卷调查的方法，问卷设计包括三个主要方面即社会化、语篇形式和面子系统。关于意识形态部分，北大学者刘能以及《第四代》作者张永杰、程远忠已有论述（作者在

这部分参考他们的观点)。另外,意识形态部分主要指人们的价值观念,是一代人或一个群体的历史、社会和思想特征,所以问卷调查不涉及这部分。

②研究工具:所收集的数据应用SPSS17.0软件进行分析。

③研究问题:在开展研究之前笔者根据美国代别语篇系统的研究结果提出以下三个方面的假设:

第一,中国当代的五代人是否有各自独立的语篇系统模式?

第二,哪几代人的语篇系统模式有相似之处?体现在哪些方面?

第三,造成语篇系统模式相似和不同的文化因素是什么?

5.4 数据分析与讨论

1. 五代人各自的语篇系统形式

(1) 共和国一代人的语篇系统形式

这一代人已退休,由于他们所处的时代,他们的工作单位和文化程度大多数在这个范畴(参看问卷)。

①意识形态:所有在1945年以前出生的人,他们中的年长者大多经历了20世纪早期中国社会的动荡和灾乱,经历了军阀统治和抗日战争以及随后的内战。他们在年轻时目睹了新中国的成立。他们中的年轻者大多数出生于抗战和内战时期,成长于新中国成立初期。他们是政治时代的老一辈,因而他们接受了共产主义信仰。对这一代人来说,整体利益大于个人利益。个人选择受到排斥。下级不得违反上级,少数服从多数。在家庭生活方面,父母具有绝对权威的

地位。①

②社会化：问卷结果表明这代人自己照顾孩子占绝大多数（83.6%），76.7%的父母选择学校教育，而对于课外辅导及其他课外特长班和兴趣班，只占极少一部分。这一代人经历过战争的洗礼，在整个社会及家庭生活的序列中，用军事生活的准则和规矩指导他们的言行。在权威至上的时代，他们对父母言听计从，对待自己的孩子，他们采取同样的方式。在家里他们有绝对的权威，对待孩子，严加管教（40.9.%）。详情参看表1。

表1　社会化

婴幼儿阶段	自己照顾为主
孩子幼年的教育	学校教育为主
对孩子教育态度	严加管教

③语篇形式："共和国"一代出生的人，国家处于重建和恢复时期，他们在公共生活中与外界交流的主要渠道是写信或发电报（84.9%），使用固定电话的人很少，仅占32.1%。个人获取信息主要是收听广播和收音机，各占51.6%和64.2%。电视在那个时代还没有普及，因而看电视的人微乎其微，仅有10.1%，读报还没有成为了解实事的主要渠道，另外当时的报纸种类单一，内容单调，仅仅局限于一些实事报道。至于人们崇尚的言语交际风格，绝大多数人喜欢引经据典（86.2%），受中国传统文化的影响以及与外界交流的局限，人们的语言过于陈旧，没有新鲜感，不具独创性和鲜活性。对于生活在那个时代的人来说，选择是绝对的。激烈的社会斗争决定了人们的思维方式，即直线对应思维。在言语交际方面表现为直

---

① 张永杰、程远忠：《第四代人》，北京：东方出版社1988年版。

接的话语形式。本问卷从他们对子女交友在言语方面的特征调查他们的言语风格。尽管间接的言语风格存在，但直接的方式还是占优势。详情参看表2。

表2 语篇形式

公共交流媒介	写信、电报
个人获取信息渠道	收听广播/收音机
言语风格	引经据典
	直接

④面子系统：面子系统主要指人际关系，主要体现在与自己圈子的人建立关系还是与外圈人建立关系，是暂时的还是长期的关系；在称呼上是以表示平等关系的名还是以显示等级关系的姓称呼对方。在自我概念方面，与长辈之间是一种独立还是相互依赖的关系。问卷调查结果表明，共和国一代出生的人在内群与外群关系取向方面倾向于内群关系，主要与亲戚建立关系（占68.6%），同事和同学各占37.1%和18.2%。而外群关系很少。这种亲戚关系一旦建立，他们就希望这种关系是永久的，长期的。问卷调查数据也证实了这一点（96.2%）。人际关系也体现在称呼方面。"共和国"一代出生的人是典型的传统中国人的写照。他们对父母尊敬，遵循传统的中国尊卑有序的秩序格局。他们通常采用尊称称呼父母亲如父亲、母亲（5%）。当然最普遍的称呼形式还是爸爸妈妈（75.2%）。值得注意的是几乎没有人直呼父母亲名字。这表明在称呼上，这一代人与父母之间还是有一定程度的等级关系。除了称呼外，自我概念也体现了面子系统。这一概念反映长辈与子辈之间是一种独立还是相互的关系。本问卷所涉及的自我概念通过长辈与子女同住意愿方面体现出来。这一代人还是倾向于与上一代人同住（59.7%），体现了

他们注重家庭生活、喜欢群居的特性。当问及他们是否愿意与自己成家子女同住时，他们还是选择与孩子同住（86.2%）。这一维度表明那个年代的中国人由于传统中国伦理观念的影响以及经济方面的原因，他们只能选择大家庭的生活圈子。参看表3。

表3　面子系统

称呼	尊称；爸爸妈妈
自我概念	与上一代人同住
	与下一代人同住
内群/外群关系	内群（亲戚关系居于首位，其次依次是同事和同学）
长期/短期	长期

（2）"文革"一代人的语篇系统形式

这代人也来自不同单位，高中文化水平的人居多（42%），其他文化程度的占36.8%。

①意识形态："文革"一代是出生于1946~1955年的整整一代人。他们中的许多人以知识青年的身份上山下乡。他们出生于新中国的旗帜之下，对共产主义理想充满了热情，对领袖的号召充满了狂热。他们时刻准备着到祖国最需要的地方去。这些年轻人将自己的选择无条件地置于社会的要求之下。为新中国贡献自己的力量。他们的人生宗旨就是接受与服从。这一点与上一辈人有相同之处。他们心悦诚服地接受了上一辈人的教育，接受了上一辈人的思想。另一方面，这一代人经历"文革"十年，没有哪一代人像这代人那样灵魂深处被打上各种政治运动的可怕烙印，他们在个性要求面前望而却步。加上他们个人的遭遇，使他们品尝了这个时代的苦辣酸甜，他们浪费了最宝贵的受教育的光阴。这一代人的共同特点就是

对自己的下一代寄托了自己年轻时没有实现的梦想和期望。

②社会化：上一代人，他们生活在战乱年代，没有人帮他们照顾孩子。与上一代人一样，这一代人的孩子在婴幼儿阶段仍然由自己照顾孩子（77%）。与上一代人有所不同的是，他们的父母也分担了对孩子的照顾（21.3%）。对于孩子幼年时期的教育，90.2%的受访者认为孩子在学校接受教育是唯一的方式。课外辅导还没有形成规模，只有少数家长才意识到让孩子参加课外辅导，参加特长班和兴趣班的孩子更是寥寥无几。在当时那个年代，家长们没钱供孩子上课外辅导和兴趣班，另外，也没有人意识到素质教育的重要性。与上一代人不同的是，这一代人虽然对孩子也严加管教（55.7%），但也给孩子自由发展的空间（44.3%）。总体信息参看表4。

表4 社会化

婴幼儿阶段	自己照顾
孩子幼年的教育	学校教育
对孩子的教育态度	严加管教

③语篇形式："文革"一代人仍然以政治生活为主轴，经济生活居于次要地位。在公共生活中他们与外界交流的主要渠道还是信件或电报（79.9%）。与上一代人相比，使用电话这种通信工具的人逐渐多起来（52.9%）。个人获取信息的媒介渠道也丰富起来。喇叭广播仍然存在，但收音机、电视和报纸开始普遍起来（各占66.7%/37.4%/49.4%）。人们不再只依赖广播和收音机获取信息。在政治生活为核心的年代，国家还处于封闭状态，受传统中国文化的影响，人们还是崇尚引经据典式的言语风格（83.3%），个性化语言少见（16.7%），也被视为另类。这一代人当他们的子女长大时，他们中的绝大多数人接受了高等教育，也目睹了中国的改革开放，思想上

多多少少也受到了西方文化的影响。如果他们不满意自己的孩子所交的异性朋友，虽然一部分人仍然扮演着严厉父母的角色（55.7%），但已有一部分人开始与孩子进行平等沟通（44.3%）。这种直接与委婉并存的言语风格表明父母与孩子之间的关系在发生变化。具体信息参看表5。

表5　语篇形式

公共生活交流媒介	写信、电报为主，其次是电话
个人获取信息渠道	主要是收听收音机、其次是电视/报纸
言语风格	引经据典
	直接居上风

④面子系统：不同的称呼形式可以反映不同的人际关系。在中国对父母最常见的称呼形式是爸爸妈妈。"文革"一代人也不例外，这一代人与上一代人有共同之处，他们仍然是中国传统文化的代表，认为父母为上，对待父母，他们仍然毕恭毕敬，有些人甚至与父母保持一定的距离，因此常采用尊称称呼自己的父母。而亲昵地称呼或者大胆地直呼其名的称呼形式就微乎其微了。问卷调查显示有个别人采用亲昵的称呼或直呼父母大名，这只能算作是特例了。R. Scollon 与 S. W. Scollon 认为这种面子系统是等级的礼貌系统，① 用图例表示为：

父母

⟶　子女　（等级的礼貌系统）

除了称呼语外，独立还是相互依赖的人际关系也是面子系统的

---

① R. Scollon, & S. W. Scollon, Intercultural Communication: A Discourse Approach [M]. Beijing: Foreign Language Teaching and Research Press, 2000.

一个方面。这一代人当他们到结婚的年龄时,中国的经济状况已开始好转,他们的家庭也发生了变化,大家庭虽然仍然居多,但核心家庭已悄然出现。问卷调查结果显示,大多数人仍选择与上一代人同住,但已有相当一部分人愿意与上一代人分开住。当他们的孩子结婚时,他们却选择与孩子分开住。这也可能是时代的选择。在他们结婚的年代,他们可能没有自己的房子,而当他们的孩子结婚时,他们的经济生活有所改善,与此同时,他们的思想观念也发生了变化,独立意识让他们享受独立生活。面子系统的最后一个方面是人际关系。在所有的群体中,人们还是偏向于与亲戚建立关系(61.5%)。除了亲戚外,同事(43.1%)和同学(21.8%)也是他们交往的主要对象。陈国明认为中国人倾向于与五种类型的内群人员建立关系①。他们是亲戚、同事、同学、师生及同乡。这是集体主义文化人群的共性。他们认为与内群的人建立关系更有安全感。至于与他人建立的关系是长期的还是短期的,91.4%的受访者赞同建立长期的关系。这也是东方文化与西方文化的主要差别所在(西方人倾向于建立短期的关系)。参看表6。

表6 面子系统

称呼	尊称;爸爸妈妈
自我概念	与上一代人同住,也有分开的迹象
	与孩子分开
内群/外群关系	内群
长期/短期	长期

---

① Chen, G.M. & W.J. Starosta. Foundations of Intercultural Communication [M]. Shanghai: Shanghai Foreign language Education press, 2007.

(3)"恢复"一代人的语篇系统形式

这一代人来自各行各业,有机关、事业、企业和学校。他们中的大多数人具有高中(45.7%)和大学文凭(36.3%),少数人具有研究生学历(3%)。

①意识形态:这代人的出生区间是1956~1967年,他们出生伊始就经历了三年严重困难时期和"文化大革命"的双重冲击。他们童年的时光没有多少是幸福的,也没有享受到较高的物质文明。与"文革"一代不同的是,他们没有理想主义的狂热,但他们还是受到父辈们思想的影响。同时这一代人又是幸运的。他们赶上了中国改革开放的大好时机。这一代人是20世纪80年代中国思想解放运动的一支重要推动力量。同时也是20世纪80年代初期以来改革开放大潮的生力军。

②社会化:这一代人的孩子在婴幼儿阶段还是由自己照顾为主(53.4%),但父母也分担了照顾孩子的重任(44.9%)。他们的父母有的还在工作,有的已退休。这一代人的孩子大多是独生子女。有先行者已开始思考中国独生子女的未来教育。专业保姆开始出现。各种课外辅导班、兴趣班悄然兴起。这一方面是时代发展的必然趋势,另一方面也满足了经济富裕的这一代人的需求。对于孩子幼年时期的教育,在所受访的234人中,有83.93%的人让孩子接受学校教育。这是最普遍的教育方式。除此之外,家长们开始让孩子参加课外辅导(24.4%),参加特长班和兴趣班(16.7%)以及家庭亲子教育(22.2%)。这表明家长们意识到课本知识不是唯一的学习途径。孩子们的综合能力、爱好、特长与书本知识一样重要。这也许是改革开放使人们的意识观念、文化观念发生转变的结果。受此文化观念的影响,大人们对待孩子的教育态度也随之发生了改变。过去那种严加管教、棍棒底下出孝子的观念不再处于绝对优势,给孩

子自由，让孩子有自由发展的空间是这一代人的主要教育态度（58.1%）。当然，传统的教育观念并没有荡然无存。美籍华人"虎妈妈"倡导的传统教育观念仍然根深蒂固。41.9%的受访者还是坚持对孩子要严加管教（参看表7）。

表7 社会化

婴幼儿阶段	自己照顾为主，同时父母也照顾
孩子幼年教育	学校教育为主，同时各种课外教育兴起如兴趣班、特长班、亲子教育
对孩子的教育态度	让孩子自由发展崭露头角，但严加管教仍然根深蒂固

③语篇形式：社会化也影响人们的语篇形式。随着经济的发展，人们的交流媒介也发生了很大的变化。写信（75.6%）虽然是人们与外界交流的主要渠道，但有电话的单位和家庭越来越多，人们通过打电话与人交流的频率越来越多（53%），移动电话刚刚兴起，只有少数富有的人或经商的人才开始拥有手机（25.2%）。个人获取信息的渠道也多起来。收听广播仍然占据主导地位（42.3%），通过听收音机获取信息的人数越来越多（70.5%），收看电视了解时事的人数也在递增（35.9%）。读报纸了解国家大事的人数也居高不下（44.4%）。总之，个人获取信息的渠道畅通了。这个时代成长的人虽然经历了改革开放，但中国传统文化中占主导地位的儒家哲学思想在他们的脑海中仍然根深蒂固，因此他们的言语风格仍然是尊崇固定表达（84.2%），不鼓励个性化语言（15.8%）。当他们对自己孩子所交的异性朋友不满时，他们更多地扮演与孩子平等的角色，给孩子委婉的建议（62.8%）。当然也不乏直截了当劝阻的家长（37.2%）。不过，从这一点来看，这一代的父母更加开放了（参看

表8)。

表8　语篇形式

交流媒介	多种媒介渠道，写信、电报仍然为主，使用电话的人数递增，手机出现
获取信息渠道	畅通的个人获取信息渠道，如收听广播、收音机、电视、报纸
言语风格	引经据典/个性化语言
	间接占据上风

④面子系统：时代在变，但几千年中国传统文化中"君臣父子"的等级观念没有变。这一代人同样尊敬自己的父母，这可从他们对父母的称呼方面体现出来。与前两代人一样，用尊称称呼父母的人数仍然不少，占20.5%。当然最常见的称呼还是爸爸妈妈(76.5%)。昵称不多(5.1%)，平等地直呼其名的更不多见。这表明这一代人跟父母之间还是有距离的等级关系（参看"文革"一代人的面子系统）。与父母之间是独立的还是相互的关系体现在居住方面就是同住还是分开住。大多数受访者(62.4%)不愿意与父母同住，少数人(37.6%)坚持与父母同住，享受大家庭生活。当问及他们是否愿意与成家子女同住时，大多数人(59%)不愿意与成家子女同住，少部分人(41%)愿意与孩子同住。这两个问题表明这个时代的人具有明显的独立意识，无论是与父母还是与自己的孩子，他们都愿意有自己独立的空间。至于与哪个圈子的人建立关系，问卷结果显示中国人习惯于与内群人建立关系，其中亲戚是最安全的关系网(62..4%)，其次是同事(56.4%)和同学(39.7%)，圈外人仅占20.8%。这一人际关系特征是中国人特有的。最后是关于短期还是长期的朋友关系，毫无疑问，中国人倾向于建立长期稳固

的朋友关系（94%）。参看表9。

表9 面子系统

称呼	尊称；爸爸妈妈
自我概念	与上一代人分开
	与孩子分开
内群/外群关系	内群
长期/短期	长期

（4）"三明治"一代人的语篇系统形式

224名受访者来自不同部门，但这些人群的文化程度较之以前三个代别有所提高。大学以上水平的人居多（54.9%），研究生的人数也上升了（11.2%）

①意识形态：1968~1979年出生的这代人，尤其是出生较晚的人，"文革"的记忆已淡薄，他们所享受的物质条件越来越好。和其他各代相比，这一代人可能是当代中国第一代比较完整地接受正式教育的一代人，因此拥有较高的人力资源素质。一方面，他们的知识系统要超过前几代人的意识形态主导的知识体系；另一方面，他们与后面"我字当头"一代共享了目前的全球化知识体系。同时又比"我字当头"一代更了解和熟悉中国传统文化。

②社会化：这一代人有自己的工作，是家里的独生子女。他们的育儿方式与前几代有所不同。当他们有自己的孩子时，父母首当其冲充当了保姆的角色。他们占了整个受访者（224人）的62.5%。除此之外，请专业保姆也渐成风尚（4.5%）。自己照顾孩子的人数（32.6%）与前几代人数相比明显减少。当孩子到了受教育的年龄时，学校教育当仁不让（85.3%），不过学校以外的教育显然变得更加重要。参加课外辅导（35.7%），特长班和兴趣班（36.2%）以

及亲子教育（35.7%）备受青睐。可见除了在学校接受正规教育外，家长们纷纷帮孩子在课外进行辅导已顺应时代的潮流。这一代人更懂得如何教育孩子，除了作严格的父母外（27.2%），他们更多的是给孩子自由发展空间（72.8%），这种做法更接近国外对孩子的教育方式。可见，全球化意识已影响了人们的教育观念（参看表10）。

表10 社会化

婴幼儿阶段	父母照顾为主，同时聘请专业保姆
孩子幼年教育	学校教育是主流，同时课外辅导兴起，各种兴趣班、特长班以及亲子教育倍受青睐
对孩子教育的态度	给孩子极大的自由发展空间

③语篇形式：语言是文化的载体。语言的表现形式，媒介的沟通方式以及言语风格都能恰如其分地反映一个时代的文化特征。"三明治"一代人在他们的成长年代，他们也用传统的信件（55.4%）和电话（61.6%）与人交往，但与前几代人不同的是移动电话登上舞台，更多的人开始使用手机（31.7%），同时网络（19.2%）为他们搭建了更好更便捷的与外界交流的渠道。这一代人已开始享受高科技带来的好处。个人获取信息的媒介也畅通无阻。喇叭广播、收音机不再是主要的获取信息的方式。相反，电视（67%）是个人获取信息的主要方式。除此之外，报纸（46.9%）和网络（20.1%）也在人们获取信息渠道中占据主要地位。引经据典式的话语风格虽然还是主流（52.2%），但个性化、独具新鲜感的语言风格已抛头露面（47.8%），而且毫不逊色。这一代人接受外来文化的影响更深，他们与自己的子女更倾向于建立平等关系。当问及以什么样的言语方式劝阻他们所不满意的孩子的异性朋友，71%的人选择

委婉建议。这一数据表明，这一代人更加开明，他们的思维方式更倾向于螺旋形而不是直接的线性方式（参看表11）。

表11 语篇形式

公共生活交流媒介	电话为主要交流媒介，其次依次为写信、电报、手机、网络
个人获取信息渠道	电视为主，报纸与网络齐头并进
言语风格	引经据典式话语风格虽然是主流，但个性化语言突显。间接的言语交际风格占主导地位

④面子系统：称呼是面子系统最典型的特征。中国人，无论是老一辈还是年轻一代，他们对父母是尊敬的，这一代人也是如此。对父母除了最常见的称呼（爸爸、妈妈，75%）外，仍有少数人（12.5%）用尊称。不过这代人与前几代人有所不同的是他们用"老爸老妈"这种亲切的称呼称呼自己的父母（15.2%）。这一代人的称呼形式表明他们与父母的关系是距离与亲近并存。他们结婚后更愿意与长辈分开居住（68.8%），愿意与成家子女分开住（74.6%）。这两个维度进一步表明他们与子女和长辈不是依赖关系。他们具有较强的独立意识。受西方文化影响，他们的交友模式是否有所改变？数据显示，他们还是倾向于与亲戚、同事、同学建立内群关系，不过亲戚的圈子在缩小（48.2%），而外群关系在扩大（41%）。这是这代人与前几代人在人际关系方面的不同之处。关于建立长期还是短期的朋友关系，93.3%的人还是选择建立长期的朋友关系（参看表12）。

表12　面子系统

称呼	尊称；爸爸妈妈；老爸老妈
自我概念	独立（与上一代人分开）
	与孩子分开
内群/外群关系	内群
长期/短期	长期

（5）"自我"一代人的语篇系统形式

①意识形态：王江在《中国青年研究》中提出第五代人的界定，他把1976~1985年出生者断为"第五代人"并称我国的"第五代人"很像西方的"新人类"（主张个性独立，追求物质享乐和内心满足）①。王江对第五代人年龄段的划定没有把1985年以后出生的人包括在内。事实上，也有学者采用"80后"这个术语。80后一词来源于国际社会学家们讨论社会发展的代名词，是指国家依法执行计划生育后所出生的一代人（计划生育发展的新阶段1979年至今）的代名词，以此讨论中国有史以来第一次用法制限制人类生育后所面临的问题及1980年以后所出生的独生子女人群所面临的生活、成长、文化发展问题。后来此词被广泛地作为1980年1月1日~1989年12月31日出生的人群代名词。也由此出现了70后、90后等一些类似词汇。北大学者刘能将20世纪80年代以后出生的人界定为"我字当头"的一代。作者认为这种代际划分解决了80后以及90后这种说法，而且涵盖的人群比较广，因此本书采用刘能对代际的划分。这代人最少传统色彩，独生子女占很高比例。目前，他们处于各种教育的年龄，文化水平比前几代人高，可塑性尚大。本文所调查的第五代人绝大多数是在北京学习的大学生和研究生（78.5%）

---

① 王江：《第五代人研究》，《中国青年研究》，2002年第3期（5-9）。

(80后为主,也包括刚入大学的90后)。伴随着这代人整个人生历程,中国社会走上了经济高速发展的道路,中国逐渐成为全球经济中重要的组成部分,因此这一代人和前几代人不同的地方在于他们所处的得天独厚的物质环境。他们的价值观、兴趣爱好以及社会责任感都与前几代人有所不同;在价值取向上,追求独立、平等与和谐。

②社会化:对于"自我一代人"来说,绝大多数人还没有成家立业,关于孩子的幼年教育他们还不清楚。本问卷所调查的人群中有65%没有回答这一问题。但回答这一问题的人群的选项告诉我们,他们自己照顾小孩的比例大大下降(8.5%),父母照顾还是大多数(24.8%)。另外,也有人选择请专业保姆(1.6%)。改革开放以来我国家庭代际关系发生了诸多方面的改变。在亲子互动中,独生子女家庭突出体现了"下一代为重"。伴随着这一现象,专业保姆或月嫂应运而生。他们给独生子女们的下一代提供专业服务。目前家庭教育指导师开始出现("家庭教育指导师"既不同于家庭教师,也不同于心理咨询师,而是专门就家庭教育的方法答疑解惑,同时也矫正一些家长的错误教育方式)。国家在引进、吸纳国外先进的家庭教育理念的基础上,结合中国国情研发了一套"家庭教育指导师"资质评定和培训体系。通过评定获得的"中国家庭教育指导师"专业人才资质证书,将作为持证人从事本专业工作和用人单位招收录用本专业人员的参照依据。(注:摘自 www.baidu.com 2010.7.12)由此可见,21世纪的育儿理念发上了很大转变。人们更注重科学地养育下一代。对于这一代人,除了学校教育外,课外辅导和各种兴趣班、特长班是必不可少的。除此之外,家庭里亲子教育开始得到重视(12.2%)。20世纪70年代末,在我国改革开放的同时,为了有效地控制全国人口的迅速增长,开始施行"一对夫妇只生育一个

孩子"计划生育政策。30多年来，独生子女作为一个新的、特殊的社会群体在中国社会出现，而且其数量不断增加。2007年年初国家人口和计划生育委员会公布，我国的独生子女数量已达到9000万。如今，独生子女已经成为城市少年儿童的主体，第一代独生子女已陆续进入婚姻殿堂和职场。在独生子女家庭中，只存在三种家庭关系，即夫妻关系、父子关系和母子关系。同非独生子女家庭相比，独生子女家庭的家庭关系，具有最基本、最简单、无重复的特点。未成年独生子女家庭表现出亲子互动的新特征。对于孩子的教育态度，72%的人选择给孩子自由发展的空间，给下一代更多的自由和独立。这种社会化模式是这一时代的固有特征（参看表13）。

表13 社会化

婴幼儿阶段	由父母照顾婴儿，同时聘请专业保姆
孩子幼年教育	学校教育，课外辅导、兴趣班、特长班、亲子教育
对孩子教育态度	自由发展

（注：这部分数据相对比较小，因为80后出生没有小孩的人可对社会化这个选项不选）

③语篇形式：人们的语篇形式指的是言语社团的成员通过教育和文化熏陶所采用的具有身份确认性质的话语形式。"自我"一代人生活在电子时代，随着以计算机网络为主体的信息社会的来临，人们在公共生活中与外界交流的渠道也发生了很大的转变。以往的几代人多以写信、固定电话与外界沟通，如今移动电话（77.2%）和网络即时通信如E-mail、QQ、MSN、飞信、微博成为主角（81.3%），他们以鼠标和键盘为工具进行搜索并对话。而写信（9.3%）和固定电话（35.8%）退为配角。不仅如此，个人的媒介获取信息渠道同样发生了变化。电视（85.8%）和网络（70.7%）

独占鳌头，其次为报纸（49.2%）。而收音机（15.4%）和喇叭（5.7%）是微不足道的一种获取信息的方式了。时代在变，人们获取媒介的方式在变，用以表明人们身份性质的话语形式也在变。问卷调查结果也证实了这一点。前四代人的话语风格都是引经据典式的，而这一代人与他们不同的是独具创新性的个性化语言独领风骚（76.4%），老套的引经据典式的陈旧话语（23.6%）不再时髦了。他们的话语风格就是他们个性的表现，是这一时代人的写照。（参看表14）（注：这一代人的子女还没有到结婚年龄，所以问题7略）

表14　语篇形式

公共生活获取信息渠道	手机与网络
个人获取信息渠道	电视与网络
言语风格	个性化语言

（4）面子系统：开放的社会使这一代人通过各种途径从小接受了许多并非来自父辈的新知识、新观念。他们见识广，开化早，少有陈腐观念束缚，接受新事物快。他们在全方位地接受现代社会影响的过程中，逐渐形成某些社会性品质，诸如新的价值观念、生活态度。他们没有旧观念、旧模式的束缚。但无论人们的观念怎样变，传统的伦理关系没有变。虽说正统的父亲母亲的称呼已不多见（2%），但人们还是采用传统的爸爸妈妈的称呼（75.2%），亲昵的老爸老妈（23.6%）逐渐多起来。从这一点可以看出，独生子女这一代与父母亲之间在情感上是密切的。这一代人可以说与父辈之间是平等的，已有孩子直呼父母名字（0.8%）。虽说人数不多，但他们是第一代开始用名字称呼父母的一代人，这表明父母与孩子之间已然具有了平等意识。美国信息时代的人（1964~1980年出生），与我国的"自我一代人"有相同的历史文化背景，他们生活在电子

计算机时代，是家里的独子。他们用名字称呼他们的父母而不是爸爸妈妈。美国的信息时代一代人追求与父辈之间的平等关系，在称呼上体现为孩子用名字称呼父母而不是尊称。中国人重视几千年的家庭伦理观，重视亲戚血缘关系。几千年来中国的教育是孩子要尊敬父母，要遵守传统的长幼有序原则。但在独生子女这一代，这一传统已被悄然打破。人们在情感上也发生了变化，传统的子女依赖父母的模式也不再一成不变。我们知道在从传统到现代的社会更替中，家庭的突出变化是世代同堂的大家庭的解体，以往儿子婚后继续与父母同住、"合而不分"的代际互动模式，越来越多地被"分而不离"的模式所取代。改革开放以来，家庭生活水平提高，尤其是住房条件的改善，为子代独立成家提供了必要的物质条件，也强化了人们对独立生活的渴求。问卷在涉及这一代人结婚后是否愿意与上一代人分开/同住方面显示，80.5%的调查对象选择与上一代人分开住。当问及他们是否将来愿意与成家子女同住时，86.2%的选择不愿意。这一调查结果与他们这一代人的独立生活模式不谋而合。人际关系模式在这一代人身上表现出与上几代人明显的不同。这一代人的内群、外群界限不再明显。在内群这个层面，同学关系更被看重（69.1%），其次是同事（35%），亲戚居于最次要的地位。外群关系如因兴趣相同而结成的团体（69.5%）与内群关系不相上下。人们交往的圈子越来越大，共同的兴趣和爱好往往使人们交往在一起。学者们发现，在人际关系层面，东方人往往重视内群关系，而西方人则倾向于某个群体以外的外群关系。本问卷发现，"自我一代人"生活在全球化时代，东西方文化的共同作用，加之这一代人的自身文化特征（独生子女），他们在人际关系方面打破了传统的以家庭亲戚为主要交往对象的圈子。在生活上他们追求独立，在情感上他们需要关爱，这种关爱来自同学，来自共同兴趣结成的团体成员的鼓励和帮助。他们与他人结成的关系，无论是圈内人还是圈外人，一旦他们发展为朋友关系，这种关系就是长期的（98%）。这是中国人的美德，也是五代人的共有特征（参看表15）。

表15 面子系统

称呼	尊称；爸爸妈妈；老爸老妈；用名字称呼父母
自我概念	很强的独立意识（与上一代人分开住；与孩子分开住）
内群/外群关系	内群与外群并存
长期/短期	长期

5.5 跨代别语篇系统分析

笔者就中国五个代别的语篇系统从四个方面分别进行了分析，为了让读者有一个全面系统的了解，现将五代人的语篇系统进行一下对比，以期找到共同点和差异处。

1. 意识形态

中国的五代人在意识形态方面总体上体现了中国集体主义文化价值观。五代人都有一个区分自己人团体和外人团体的社会框架。他们把集体利益放在首位。第一代人都怀有共产主义信仰，经历战争的一代人认为整体利益大于个人利益。家长在家庭里具有绝对的权威。第二代人将自己的选择无条件地置于社会的要求之下。他们的人生宗旨就是接受与服从。这一点与上一辈人有相同之处。

他们心悦诚服地接受了上一辈人的教育，接受了上一辈人的思想。另一方面，这一代人经历"文革十年"的浩劫，灵魂深处被打上各种政治运动的可怕烙印，他们在个性要求面前望而却步。他们浪费了最宝贵的受教育的光阴。与前两代人相比，第三代人由于三年困难时期和"文化大革命"的双重冲击使他们没有了理想主义的狂热。但他们赶上了中国改革开放的大好时机。这一代人是20世纪80年代中国思想解放运动的一支重要推动力量，同时也是20世纪80年代初期以来改革开放大潮的生力军。和其他各代相比，第四代人可能是当代中国第一代比较完整地接受正式教育的一代人，因此拥有较高的人力资源素质。一方面，他们的知识系统要超过前几代人的意识形态主导的知识体系；另一方面，他们与后面"我字当头"一代共享了目前的全球化知识体系，同时又比"我字当头"一代更了解和熟悉中国传统文化。第五代人最少传统色彩，独生子女占很高比例。文化水平比前几代人高，伴随着这代人整个人生历程，中国社会走上了经济高速发展的道路，中国逐渐成为全球经济中重要的组成部分，因此这一代人和他们前几代人不同的地方在于他们所处的得天独厚的物质环境。他们的价值观、兴趣爱好以及社会责任感都与前几代人有所不同，在价值取向上，追求独立、平等与和谐。

2. 社会化

第一代人和第二代人在社会化这个维度方面有相同之处。在育儿方面，他们大多自己照顾孩子，把孩子送到学校接受教育，同时对孩子还严加管教。从第三代开始，中国人对育儿的观念逐步开始发生转变，专业保姆开始出现。除了学校教育外，各种课外辅导班、兴趣班和特长班应运而生，亲子教育受到重视。家长们给孩子的自由空间越来越大。

3. 语篇形式

第一代人以写信、收听广播作为与外界沟通的主要交流媒介。到了第二代，电话开始出现。第三代人开始使用移动电话。到了第四代，手机很普及，网络悄然出现。第五代人已经是电子时代的产物，他们在公共生活中与人交流的渠道83%依赖电脑。个人获取信息的渠道从收听喇叭（第一代）到收看电视和读报（第二代）。电视和报纸依然是第三代和第四代人个人生活中主要的交流媒介，网络已出现，但只有到了第五代，网络才成为人们生活必不可少的交流工具。前四代人的言语交际风格都是惊人的相似：引经据典式的老套话语，到了第五代个性化语言已势不可挡。第一代和第二代人的长辈扮演着权威家长的角色，如果他们对孩子所交异性朋友不满，他们就直截了当提出。从第三代开始，家长们在家里的绝对权威地位受到挑战，他们逐渐开始学会尊重孩子的意见，他们直截了当式的话语风格转为间接的风格。

4. 面子系统

在称呼方面，这五代人有共同之处，他们对父母最常见的称呼是爸爸妈妈。对待父母，他们采用尊敬的礼貌系统（Deference Politeness System）。"我字当头"一代人，与前四代人在称呼方面的不同之处在于他们是第一代开始用名字称呼父母的新一代。尽管人数不多，但也表明第五代人和父辈之间具有了平等意识。在独立与依赖方面，除了第一代人之外，其余四代人都坚持与长辈分开住，与子女分开住，独立意识逐渐明朗。中国人一向喜欢与内群人建立关系，这一点从前四代人身上体现出来。而第五代人的关系模式兼具东西方关系特征。内群与外群关系并存。中国人一旦与人建立朋友关系，这种关系就是稳固的、长期的，这是最具东方特色的人际关系特征。

本研究旨在探讨中国当代五代人在语篇系统方面的异同，其主要表现在以下几方面。

1. 每代人有相对独立的语篇系统，但同时又有一些相似性和差异性

战争和"文革"两代人体现了老年文化，是前喻文化的化身。他们都是正统的、权威的两代人，他们和孩子之间存在等级差异。在社会化方面，家长对孩子的育儿方式以及对孩子的教育态度和方式是相似的。这两代人的语篇形式无论是在公共交流媒介还是在个人获取信息再或是言语交际风格方面都是社会发展迟缓、生活封闭状态的代际文化。人们获取信息的渠道不畅通、落后。言语交际风格是中国式的间接风格。在称呼方面，尊敬老人成了一种最为基本的美德。子女对父母采用尊称，大多数用爸爸、妈妈，没有人用名字称呼父母。孩子们在情感上依赖父母。这两代人倾向于内群和长期关系。对于"恢复"一代人而言，他们在称呼方面与前两代人没有太大差异，但这代人已显露独立和外群关系迹象。到了"三明治"一代，随着称呼形式正式性的降低，人们逐渐变得独立起来。内外群关系发生变化，内群的重要性在下降，外群关系在扩大。正如这代人的标签所言，"三明治"一代人具有两面性。一方面，他们展现传统一代人特征，尊重长辈；另一方面，受现代技术和改革开放的影响，他们迈向现代化，人们的平等观念和独立意识在增强。这两代人可以说体现了并喻文化的代际关系。在这样的文化中，老年人仍然处于支配地位，其主导的价值标准仍然具有决定意义。然而年轻一代为了适应新的社会环境或为了应对新时代的挑战，传统的由父辈们传下来的经验已明显不足，为此他们逐渐形成他们这代人的价值判断系统和行为模式。"我字当头"的一代人是青年文化的代表，处于新兴文化的主导地位，是长辈们反过来向他们学习的一代

人,他们可以与美国信息一代人相提并论。他们是第一代人用名字称呼父母的人。独立意识和平等观念已深入人心。外群关系的重要性超过内群关系。随着时代的进步,五代人的面子系统关系在发生不同程度的转变,但五代人有一个共同的特征就是他们重视长期关系,这也许是中国人人际关系的一个典型特征。

2. 集体主义文化或儒家思想特征显著

正如 Huntington（Samovar & Porter, 2004: 33）所言:"文化的核心成分在于语言、宗教、价值观、传统和风俗习惯。"[1] 一个民族的文化塑造人们的行为、价值观,甚至思想。集体主义文化的特征反映在五代人的面子系统方面。中国人的传统家庭模式是以大家庭为核心,家族成员之间有很强的情感纽带联系。五代人敬重家庭中父辈在家中的权威性,他们接受传统中国家庭"内外有别,长幼有序"等级原则。这体现在子代对父辈采用尊称的形式。中国五代人在称呼方面体现了中国人集体主义价值观和儒家思想的影响。儒家行为准则强调"等级的社会结构和恰当的家庭角色。其哲学教导人们对父母和长辈尽职"[2] 在自我概念方面,前两代人倾向于建立相互依赖的关系。中国的"仁"和"礼"倡导责任和义务。在这种哲学指导下,人们教导年轻人要赡养长辈,孝敬父母,与家人住在一起,他们相互依赖。集体主义文化的另一个显著特征,即区分自己人团体和外人团体。人们期望得到自己人团体如亲戚、家庭的眷顾,作为回报,他们忠实于该团体。除了第五代人之外,前四代人都注重内群人际关系,并珍视长期的友谊。

---

[1] L. A. Samovar, & R. E. Porter. Communication Between Cultures (5th edition) [M], Beijing: Peking University Press, 2004.
[2] S. Ting-Toomey. Communicating Across Cultures [M], Shanghai: Shanghai Foreign language Education press, 2007.

3. 较大的权力距离

这是一种文化价值观维度，即根据权利距离的大小对文化进行分类。霍夫斯泰德讲述了权力和文化之间的关系。这一维度的前提是社会不均匀地分配各种关系、机构和组织中的权力。Mulder 将权力距离定义为："在同一社会体系中，权力小的个人与权力大的个人之间权力不平等的程度。"① Hofstede 认为权力距离在很大程度上由一个国家的民族文化所确定②。它体现在资历、年龄和称呼形式等几个方面。Hofstede 对 53 个国家和地区的研究表明，在大权力情形下，权力高度集中，地位和等级非常重要。在家庭中孩子们对父母是服从的。尊重父母和其他长辈被视为基本的美德。只要父母活着，父母的权威作用将伴随人们的一生。人们对父母尊敬，对长辈依赖。五代人对长辈采用尊称的称呼形式体现了大权力特征。

4. 西方文化对"我字当头"的一代人的面子系统有一定程度的影响

文化的一个特点是其变化性。科学技术的发展、经济的全球化、大众传媒的作用都促进了交际模式和文化的变化。西方社会的平等观念在某种程度上影响了中国人的面子系统。"我字当头"的一代人用名字称呼父母以及内外群关系的变化是一个很好的证明。

5. 网络时代改变第五代人的价值观念和人际关系

网络时代将更为重视个体价值。今后的世界，计算机将把人们更为紧密地联系在一起。这种崭新的交往方式会对人际关系产生怎

---

① G. Hofstede. Culture's Consequences: Comparing Values, Behaviors, Institutions and Organizations Across nations (2nd Edition) [M], Shanghai: Shanghai Foreign language Education Press, 2008.
② 同上。

样的影响，现在很难把握，不过，已有的迹象表明，这种联系不是我们熟悉的那种"你中有我、我中有你"的内群式关系，而是一种间接的联系。网络中的我们，每个人都变成了一个带".com"的抽象符号，当我们轻击鼠标与另一个".com"交流时，双方的出身、地位、权威、忠诚、依赖等都不起作用，从这个意义上说每个人真正做到了独立和平等。因此网络时代的一个趋势，将是更为重视个体价值、个人独立、独创、自由和平等，人们也将更多地遵循明确的、带有普遍意义的规则。

通过分析中国当代五代人的语篇系统，我们认为，从人际关系的角度看中国的文化不完全是有等级的集体主义文化。战争和共和国一代以及"文革"一代人具有很强的集体主义意识；"恢复"一代和"三明治"一代的集体主义意识跟前两代人相比弱了一些。到了"我字当头"一代，西方的个人主义意识在潜移默化地影响着年轻一代。作为"恢复"一代的人，笔者感觉到我们跟"自我"一代人之间的交际就如同东西方两种文化人之间的交际。从代际关系的角度看，第一代和第二代人具有前喻文化的色彩，第三代和第四代人具有从前喻文化向并喻文化过渡的色彩。第五代人具有从并喻文化向后喻文化过渡的色彩。

5.6 代际言语交际风格

一、引言

上一章节从语篇系统的四个方面即意识形态、社会化、语篇形式以及面子系统分析中国五代人的语篇系统。语篇形式的研究主要借鉴美国的代别语篇形式研究中的框架即语言沟通的交流媒介。言语交际风格是语篇形式的一个非常重要方面，它涵盖的内容比较丰富，所以本章将言语交际风格单独作为一个研究内容加以分析。言语交际风格是指交际者在使用语言符号进行交际的过程中所呈现出的特定风格。它一直是学者们研究的重点。以往较多的研究倾向于从语篇的组织结构，口语交际等角度对比研究不同国别文化下的言语交际风格，而从语境角度进行跨代别言语交际风格的研究至今未涉及。本章节以 Stella Ting–Toomey 的跨文化言语交际风格模式为理论框架，从直接与间接，人际取向与地位取向，自我夸赞与自我谦虚和说话与沉默的四个维度对比分析中国五代人的言语交际风格。作者以调查问卷为研究工具，对北京地区的五代人共计 491 人进行了调查。研究发现，在传统中国文化的影响下，五代人的言语交际风格呈现出了一定程度的相似性，主要表现在五代人的地位取向与自谦风格。但是，受到外来文化的不断作用，五代人言语交际风格也发生了一些变化。后两代人的语言表达趋于直接和善于表达的倾向。本研究对于中国人了解本民族文化动态是一次有意义的尝试，同时也启示我们在跨文化交际中，我们应突破文化定势，以开放的眼光进行不同文化间的交流。

二、言语交际风格

美国著名人类学家霍尔（E. T. Hall）对文化和语境的关系做了开创性研究。他声称人类的交往从广义的角度来讲可分为高语境和低语境交际系统或文化。Ting – Toomey（2007）①指出低语境文化通过外在的语言方式进行信息传达，信息的表达是直接的，而高语境的交流或讯息是通过语境及非言语渠道表达出来。在高语境文化中（如中国）意义也可以通过地位（年龄、头衔和关系等因素）和通过个人的好朋友或同事传达。根据高低语境交际的定义，Stella Ting – Toomey 总结出跨文化言语交际风格方面的主要特征（2007，101）。在言语交际风格方面高语境文化主要表现在：间接，注重地位，自谦和沉默。低语境文化在言语交际风格方面的特征为：直接，注重平等，自夸，善于表达。中国的话语风格模式具有典型的高语境特征。具体说来，间接的言语交际风格表现在说话委婉，以不伤害对方的面子为主要策略；注重地位意味着有等级的言语风格，自谦即谦虚的表达方式；沉默意味着中国人不善于言谈，在与对方交流时倾向于倾听。

作者认为不同代别之间的言语交际风格也应该是有区别的，也会呈现出高低语境的文化特征，基于此，本文借用 Stella – Ting – Toomey 的言语交际风格模式探讨中国五代人的言语交际风格。

三. 言语交际风格的相关研究

对于言语交际风格，学者们多从语言学、语用学、跨文化交际角度展开研究。这些研究主要探讨东西方在言语交际风格方面的差异，尤其是直接和间接的差异。科根（Cohen）（1991）② 在其所著

---

① Ting – Toomey. S. 2007. *Communicating Across Cultures* 〔M〕. Shanghai: Shanghai Foreign Language Education Press.

② Cohen, R. 1991. *Negotiating across Cultures: Communication Obstacles in International Diplomacy* 〔M〕. Washington, D. C.: United States Institute of Peace Press.

的题目为"不同文化间的谈判：国际外交交际障碍"一书中指出中美交际模式不同是因为它们的直接和间接的交际风格形成了一道屏障，影响了它们之间的外交谈判。斯科隆等（Scollon, Scollon, and Kirkpatrick）（2000）[1]从人类学视角研究东西方言语交际风格的差异。他们指出中国人倾向于使用间接的言语交际风格，美国人喜欢直接的交际风格。布朗和莱文森（Brown and Levinson, 1987）[2]从社会语言学和社会学角度探讨这一现象。他们指出间接的交际风格与礼貌策略有关。对于礼貌原则来说，面子是主要因素。丁图梅（Stella Ting-Toomey, 2007）[3]依据霍尔（Hall）的高低语境模式进一步将跨文化交际风格分为直接和间接、平等和地位、自谦和自夸以及表达和沉默四个纬度。

国内关于东西方言语交际风格的差异研究不多。何兆熊（2000）[4]的研究重在指出影响不同文化言语交际风格的诸多因素如权利、社会距离、要求等影响了人们的交际风格。贾雪睿（2009）[5]对中美直接和间接的言语交际风格进行对比分析。作者指出中国文化在口头和语篇组织方面倾向于间接，而美国文化倾向于直接。

上述文献回顾表明中西学者们大多研究从宏观角度探讨不同文化间尤其是中美不同的言语交际风格，然而对于同一文化中不同群体之间，尤其是不同代际之间的言语交际风格的研究至今没有。因

---

[1] Ron Scollon, Suzanne Wong Scollon & Andy Kirkpatrick (2000). *Contrastive Discourse in Chinese and English: A Critical Appraisal* [M]. Foreign Language Teaching and Research Press.

[2] Brown, P. and S. Levinson. 1987. *Politeness* [M]. Cambridge: Cambridge University Press.

[3] Ting-Toomey. S. 2007. *Communicating Across Cultures* [M]. Shanghai: Shanghai Foreign Language Education Press.

[4] 何兆熊：《新编语用学概要》，上海外语教育出版社2000年版。

[5] 贾雪睿：《中美交际风格比较研究》，哈尔滨工业大学出版社2009年版。

此本研究对于促进本民族不同代际之间的交流具有一定的现实意义。

四、研究设计

本部分包括研究对象，研究问题，研究方法和数据分析方法。

（一）问卷调查的抽样策略和研究对象：

言语交际风格是语篇形式的核心内容，继 2011 年整个代际语篇系统研究后，作者于 2013 年 10 月开始进行言语交际风格的独立研究，研究对象仍然是生活和工作在北京地区的五代人，多抽了年轻人和高教育程度者。对年长者，问卷主要采用调查员和被采访者一一填答方式，从而调查员对填答过程有了全面的掌控，也确保了信息采集的效度。其他的问卷有的在大学课堂（采访对象为 80 后）当场发放，当场回收。有的是通过电话访谈，还有个别是通过 E‐mail 形式发放和回收。我们总共发放 500 份问卷，回收 491 份，其中共和国和战争一代人 78 人，文革一代人为 93，恢复一代人为 98 人，三明治一代 101 人，我字当头一代人为 121，略高于前四代人数。

（二）研究问题：

1）五代人是否具有独立的言语交际风格？

2）五代人的言语交际风格是有具有相似性或差异性？

3）年青一代人在言语交际风格方面是否具有低语境的文化特征？

4）言语交际风格差异和相似性的原因是什么？

（三）研究方法和数据分析方法：问卷包括 20 个问题，涉及直接与间接、表达与沉默、称呼语、自谦与自夸四个部分。五度量表用来衡量赞成的程度（1. 表示非常同意；2. 同意；3. 不确定；4. 不同意；5. 非常不同意）。所收集的数据应用 SPSS 软件进行分析。

三、数据分析和讨论

（一）战争和共和国一代

这一代人是中国当代年龄最长者，也是受中国传统文化影响最深的一代人．有78位参与问卷调查。言语交际风格从直接与间接；平等与地位；自谦与自夸；表达与沉默四个维度进行研究的。具体的调查结果请参看表1的数据：

表1　战争和共和国一代人的言语交际风格

代别＼风格	直接/间接	平等/地位	自谦/自夸	表达/沉默
第一代	48.46%	20.52%	70.02%	63.84%
	51.45%	79.28%	29.98%	36.11%

在问卷调查中，直接和间接话语风格这个方面主要通过人们请求帮助、拒绝以及要求生日礼物等场景来反映的。间接维度的平均比例51.45%高于直接维度的平均比例（48.46%）。从数据上可以说，老一代人的言语交际风格还是以间接为主要风格。

平等和地位的维度是用称呼形式来表现的。在称呼语方面我们通常认为中国人是非常注重地位的，对长辈采用尊称。地位这个维度的平均百分比为79.28%，远远超过平等趋向（20.52%）。从这个悬殊的百分比，我们可以肯定地得出这样的结论：战争和共和国一代人非常重视地位倾向。他们尊从中国人的传统美德，对长辈尊敬。

在自谦和自夸这个维度方面，自谦的平均比例为70.02%，而自夸的平均比例仅为29.98%。两个百分比的差距告诉我们这一代人偏爱自谦的言语交际风格。在中国传统文化中，中国人一直以谦虚为美德。问卷调查结果再次证明了老一代中国人继承了这一传统。

在表达/沉默这个维度方面,作者设计了几个场景以突显不同含义的沉默。场景16考察人们对于父母责备时的反映,是辩解还是沉默(这里沉默有两个含义:一是忍让,二是默认自己的错误)。场景17的三种回答是与陌生人交谈,对方表现出沉默,在此处沉默的意思有两层含义:一是等对方先开口,二是不愿与陌生人谈话。场景18与对方吵嘴时的反应,是与对方辩论还是沉默(避免冲突;用沉默抗争)。总体来看,沉默的优势大于表达。这表现在沉默的平均比例(63.84%)大于表达的平均比例(36.11%)。可以说这一代人倾向于沉默。场景16中的沉默比例52.60%表明大多数子女选择不与父母争吵,18场景中的高比例73.1%表明这一代人为了和谐选择沉默。这个维度的事实表明中国人对于沉默是金这句名言的信守,也表明中国人注重和谐的价值观。

上述分析证明这一代人的言语交际风格总体趋势是趋于间接,不张扬,非常重视尊卑有序的地位关系,在受到赞扬时倾向谦虚,在意见相左时选择沉默以示对父母的尊敬,也是为了人际关系的和谐。

(二)文革一代

这一代人是指1946-1955年之间出生的。参与问卷调查的有93人。这代人年轻时经历了文革这场政治动乱,他们的言语交际风格是否与上一代人有不同之处。我们首先还是从言语交际风格的四个维度进行解析。请看具体的统计结果:

表2 文革一代人的言语交际风格

风格	直接/间接	平等/地位	自谦/自夸	表达/沉默
2	52.4%	24.30%	73.94%	35.94%
	47.96%	75.7%	26.06%	64.06%

在直接和间接这个维度方面我们假定这代人可能有两种倾向。一种是一些大胆的年轻人说话直接,因为在当时的政治氛围下,他们敢于大胆表达。另一种情况是性格内向的人可能胆怯,所以不敢直白自己的想法。数据分析表明,(参看表2)这一代人偏爱直接的言语交际风格。直接的平均比例(52.4%)大于间接的比例(47.96%)。可以说,与上一代相比,这一代人倾向于直接的表达。

在直接和间接这个维度,这一代人与上一代人不同,在平等与地位这个维度,两代人是否也存在差异呢?

正如表中数据所示,文革一代人也是注重地位关系的。最高的百分比高达95.70%,(场景10),这表明受访者都在意家庭中的地位关系,都遵守长辈有序的关系。平等这个维度的平均百分比为24.30%,远远低于地位的平均百分比75.7%。显而易见,地位仍然占据主导地位。

自谦与自夸这个维度的结果与第一代人的这个维度结果相似。Stella Ting-Toomey 以往的研究表明在集体主义文化中,人们倾向于谦虚。数据分析也证实了这一研究结果。

中国人具有典型的集体主义文化特征,这一特征反映在自谦这个维度。当人们受到赞扬时,大多数人表现出谦虚态度。自谦这个维度的每个场景独立百分比和平均百分比都大于自夸的独立和平均百分比。自夸的平均百分比仅为26.06%。相反,自谦的平均百分比为73.94%。这种比例上的大比例反差表明在言语交际中，这代人与上一代人一样遵循着自谦的言语风格。

表达与沉默这一维度是否会有不同呢？经验告诉我们文革一代成长的人在表达观点时可能会小心，也就是说他们会选择沉默。表2中的数据证实了这一假设。

除了场景20外，其余四个场景中沉默的比例都高于表达的比例。表达的平均比例为35.94%而沉默的平均比例为64.06%。可以说，人们喜欢保持沉默。场景16中的百分比为48.4%这表明将近一半的人选择不与父母争吵。场景17的数据43%表明，大多数人在遇到陌生人时不愿开口。场景18中72%的比例证明人们选择忍耐以保持人们之间的和谐关系。

上述四个纬度的分析表明文革一代人的言语交际风格略呈现出直接倾向，这一点与上一代有所不同。但与上一代相同的是他们都注重等级的地位关系、崇尚谦虚。选择沉默以示对父母的尊敬，也是为了维持人们之间的和谐关系。

（三）恢复一代

这代人的出生区间是1956－1967，有98人参与了我们的问卷调查。这代人出生伊始就经历了三年自然灾害和"文化大革命'的双重冲击。与"文革一代"不同的是，他们没有理想主义的狂热。同时这一代人又是幸运的。他们赶上了中国改革开放的大好时机。这一代人是20世纪80年代初期以来改革开放大潮的生力军。他们的言语交际风格模式如何？我们首先来看看直接和间接这个维度。（参看表3）

表3 恢复一代人的言语交际风格

风格	直接/间接	平等/地位	自谦/自夸	表达/沉默
3	50.2%	25.10%	60.20%	41%
	49.8%	74.90%	39.80%	59%

与前两代人相比,这代人在直接和间接的交际风格维度上的比例相差无几,直接的比例(50.2%),与间接的比例(49.8%)仅差0.4%。从这个比例来看,这代人在言语交际风格上与前两代人相比已经呈现出不同的趋势。在地位和平等这个维度是否也会有差异呢?与我们的预期相反,这一代人与上两代人一样也注重地位,这反映在地位取向的平均百分比高达74.90%,而平等取向的百分比才只有25.10%。毫无疑问,这一代人仍然在意地位取向,也就是说这代人依然对他们的长辈显示出尊敬。

与地位和平等这个维度一样,人们偏爱自谦的风格,自谦这个维度的平均分60.20%远远大于自夸的平均分39.80%。这足以证明中国人仍然以谦虚为美德。

在表达与沉默这个维度,作者仍然检验沉默的几种不同含义。从平均分来看,沉默(59%)优于表达(41%),换句话说,这代人更倾向于沉默。具体来说,当人们受到家长的责备时,更多的人(43.9%)选择忍耐。为了不与朋友发生争辩,绝大多数人(66.3%)选择沉默。这说明中国人注重以和为贵的品德,维护人际关系是人们人际交往中所遵循的原则。

以上分析表明这代人在言语交际风格上所展示的是偏爱直接,更注重地位,崇尚谦虚,认为沉默是解决问题的有效方法。

(四) 三明治一代

1968-1979年间出生的这代人，（101人参与问卷调查）尤其是出生较晚的人，他们所享受的物质条件越来越好。和其他各代相比，这一代人可能是当代中国第一代比较完整地接受正式教育的一代人，因此拥有较高的人力资源素质。一方面，他们的知识系统要超过前几代人的意识形态主导的知识体系，另一方面，他们与后面"我字当头一代"共享了目前的全球化知识体系。同时又比"我字当头一代"更了解和熟悉中国传统文化。他们的言语交际风格是否会像他们的标签一样具有两面性呢？我们首先看看他们的直接与间接风格。（表4）

表4　三明治一代人的言语交际风格

风格	直接/间接	平等/地位	自谦/自夸	表达/沉默
4	56.06%	22.4%	68.92%	50.88%
	43.94%	77.6%	31.08%	49.12%

直接和间接这个维度的总体趋势是直接的交际风格比例（56.06%）大于间接（43.94%）。与前三代人相比，这代人更倾向于使用直接的话语风格。换句话说，这代人比恢复一代人在话语风格上更直接。从三明治一代人的直接和间接话语风格的变化来推测，在平等和地位这个维度方面，这代人也会表现出与前几代人不同的特点。平均来说，表示平等关系的比例仅为22.4%，远远低于表示地位关系的比例77.6%。这一数据表明，这一代人与前三代人一样，有着强烈的等级观念。他们在称呼父母以及陌生人时采用尊称的形式。

自谦与自夸这个维度又是怎样的变化呢？这代人仍然坚守着传

统中国人谦虚的美德。在所涉及的5个场景（11、12、13、14、15）中，所有受访者都选择自谦，自谦的平均值为68.92%，而自夸的平均值为31.08%。这表明自谦的风格仍然深受中国人喜爱。

在言语交际风格的最后一个维度，表达的趋势略占了上风。其平均值为50.88%，略高于沉默（49.12%）。这个趋势与直接和间接的趋势相似。这表明三明治一代人在言语交际风格的两个方面已呈现出与前三代人不同。他们的言语交际风格逐渐倾向于霍尔所描述的的低语境言语交际风格的特点。中国人的等级观念依然很强，中国人以谦虚为美德，不过在话语表达方面，这代人趋于直接表达自己的观点，这与表达和沉默的维度成为正相关。

（五）自我一代

自我一代人是本研究中最年轻的一代。这代人比任何一代人所受的教育都好。他们生活在信息时代、互联网时代或新媒体时代、微信时代。全球化的影响在他们身上得到体现。世界的窗口向他们敞开，每天各种新信息扑面而来。科学技术手段使他们与人沟通的方式发生了翻天覆地的变化。在受访的人群中，这代人占的比例比前四代人多，共121人。他们所生活的年代大大不同于前几代人，因此他们的言语交际风格格外引起作者的兴趣。表5显示了这代人独特的言语交际风格。

表5　自我一代人的言语交际风格

风格	直接/间接	平等/地位	自谦/自夸	表达/沉默
5	56.86%	21.96%	67.44%	54.38%
	43.14%	78.04%	32.56%	45.62%

正如作者所预测的，这代人在言语交际风格方面有直接的倾向。

除了场景3外，其余四个场景的选择告诉我们受试者都选择直接的言语风格。直接风格的平均比例为56.86%，间接比例为43.14%。不言而喻，这代人的言语风格倾向于低语境文化，也就是说这代人说话偏向于直接，具有西方话语风格的特点。

至于第二个维度，平等和地位的选择，作者同样假定这代人也会有着西方文化的特征，即他们更加独立，人与人之间是平等对待的。然而数据显示这代人在这个维度方面却是传统的。表示平等关系的指数仅为21.96%，表示地位关系的值高达78.04%。与前四代人一样，他们在乎地位，尊重长辈。

与平等和地位这个维度一样，自我一代人在自谦和自夸这个维度方面也显示出传统的一面。自谦仍然占据67.44%，远远高于自夸的平均值32.56%。

直接和间接的数值告诉我们，在表达和沉默这个维度，这代人也一定是倾向于低语境文化，即注重表达。表5的数据证明了这一点。表达的平均值为54.38%，高于沉默的平均值45.62%。有一点值得注意的是，当这代人在聚会或开会时更愿意打破沉默，愿意与陌生人交谈。他们愿意主动与别人搭讪。

这代人的言语交际风格与三明治一代人的有相似之处。这两代人都喜欢直接的话语风格。他们选择表达自己的观点而不是保持沉默。这一点与西方的低语境文化极为吻合。同时他们又具有高语境文化的特点。他们在乎等级差异，注重地位。同时又具有中华民族的传统美德，谦虚为上。综和而然，这两代人具有东西方文化的特征。

以上是作者从代际角度对言语交际风格的独立分析。为了使读者有一个清晰地了解，作者将从言语交际风格的角度进行综合对比分析。请看下面的图表：(D/I表示直接/间接；P/S表示平等/地位；

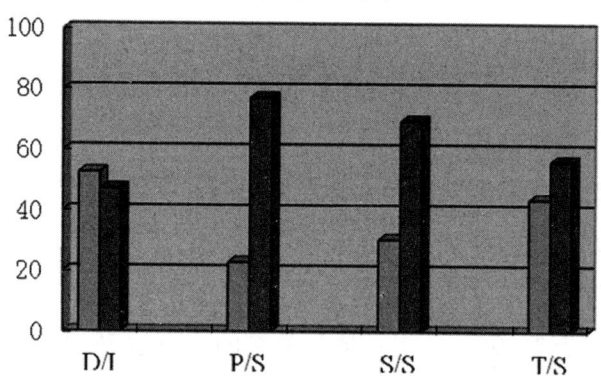

S/S 表示自夸/自尊；T/S 表示表达/沉默）

该图是由言语交际风格四个纬度的百分比的平均而画出的。以往研究学者对东西方言语交际风格的研究趋势是中国人倾向于间接的言语交际风格，然而此图表表明中国人代际之间直接和间接的趋势并不明显，相反，直接的风格（52.80%）略高于间接的风格（48.20%）。间接不再是主导地位的言语交际风格。总体来说，直接和间接的风格并存。

在平等和地位这个纬度，我们从肉眼就可观察到两者之间明显的差异。无论哪代人，在中国人眼中，一个人的年龄、身份和地位会显示出他的具有等级地位的言语交际风格。在四个纬度中，地位（77.14%）的比值远远高于平等（22.86%），这是我们这项研究中是最突出的特征，也是五代人共有的特征。无论那代人，在话语风格方面表现出对长辈尊敬。时代在变化，但永恒的是我们的世代相传的传统美德。

自我夸赞和谦虚这个纬度的差别也明显。中国的五代人崇尚谦虚（69.55%），而不是夸耀（30.45%）

表达和沉默这个纬度与第一个纬度有些相似，即二者的区分度不大。总体而然沉默（56.33%）占上风（43.67%）。

四、结论

本研究发现当代中国人的言语交际风格发生了转变,主要体现在以下几个方面:

间接的言语交际风格不再占主导地位。最早的一代人即战争和共和国一代人还是以间接的风格为主,从第二代开始,直接的言语交际风格逐渐呈上升的趋势。

中国人仍然奉行显示等级地位、差序格局的言语风格,这体现在幼辈对长辈的尊称的使用。这是中华民族几千年的传统,也是我们引以为傲的美德。言语交际风格的四个纬度中,表示等级地位的言语交际风格独领风骚。这是集体主义文化,也即高语境文化的典型特征。

谦虚历来是中国人倡导的美德,研究结果再次证明了这一结论。

中国有句俗语即沉默是金。五代人在表达和沉默这个纬度的总体趋势是倾向于沉默,这也验证了中国这句古话。不过,前面几代人在这个纬度的具体分析表明随着时代的发展,沉默的言语风格在发生变化。后两代人在受到长辈责备或与长辈争论时不再保持沉默

上述分析表明,每代人有自己独立的言语交际风格,同时他们又共享本民族文化中共性的特征。总体而然,战争和共和国一代人是传统中国文化的代表,他们的言语交际风格是间接的、注重地位、自谦和沉默的;文革一代人的言语交际风格是逐渐倾向于直接的话语,不过在其他三个纬度与第一代人是相同的;恢复一代人的言语交际风格与第二代人极为相似,即偏爱直接,注重地位,崇尚谦虚,认为沉默是解决问题的有效方法。三明治一代人与前三代人相比更倾向于使用直接的话语风格。换句话说,这代人比恢复一代人在话

语风格上更直接。不过，在地位和谦虚这两个方面与前几代人保持一样的风格。在沉默和表达这个纬度，这代人的表达倾向显示出与前四代人的不同，表达的势头第一次超出了沉默。三明治一代人在言语交际风格的两个方面已呈现出与前三代人不同。他们的言语交际风格逐渐倾向于西方化。这代人趋于直接表达自己的观点，这与表达和沉默的维度成为正相关。第五代人的言语交际风格与三明治一代人的有相似之处。这两代人都喜欢直接的话语风格。他们选择表达自己的观点而不是保持沉默。这两个方面显示出了西方低语境文化的特征。但他们又不是完全西化的两代人，他们身上仍然保留东方文化的传统美德，他们还是与前几代人一样尊重长辈，注重地位差异，以谦虚为美德。

　　这一研究发现表明文化是动态的，即使在同一文化中，随着时代的变化人们的言语交际风格也在发生变化，这点对于跨文化交际很重要。它指导我们在人际交往中不要从定势的窗口观察某文化个体或其行为。如果这样我们会忽视交际者的个性，我们的判断力会受到很大局限。因为定势把我们人类的活动或跨文化交际活动的认识局限在有限的维面上。其实，在实际交往中，某一群体内成员的交际方式可能因个性不同而各异，不同文化的群体之间既有差异也有许多相似之处。在交际风格方面，东方人不一定都是注重间接的风格，也不一定都喜欢保持沉默。不同代之间的交际也是如此。这就要求我们在交际中突破文化定势，以开放的眼光指导交际，这样我们就会避免冲突，，能够促进不同文化之间的有效交际。

第六章

儒家语篇与功利主义语篇

R. Scollon & S. W. Scollon 在《跨文化交际：语篇分析法》一书中指出语篇或语篇系统是核心概念。语篇系统（discourse system）这一概念是 Ron Scollon 于 1982 年首先提出的，指的是最宽泛意义的语篇，是指交际的整个系统。Scollon & Scollon 特别对普遍应用的、以个人主义和平等人际关系为基础的实利主义语篇进行了分析，并详细论述了功利主义语篇形式的六个方面的特点。作者认为中国当代人的语篇虽不具有完整的代表性，但也有其独特的区别于西方功利主义语篇形式的特征。有学者采用儒家语篇这一术语，本人也赞同这一说法。陈淑芳①在《语篇系统分析法：文化定势的突破》一文中曾提到过儒家语篇系统。根据 Ron Scollon 对语篇系统的阐释，儒家语篇系统也应该是一个包罗万象、自给自足的交际系统。在中国几千年历史长河中，儒家文化在中国文化中占主导地位，所以可以说，汉语的语篇系统就是儒家语篇系统，汉语语篇中的特点可以归结为儒家语篇系统的特点。赵东方也发表一篇文章论述儒家语篇形式和功利主义语篇形式②。笔者以西方广为流行的功利主义语篇

---

① 陈淑芳：《语篇系统分析法：文化定势的突破》，《求索》，2004（8）。
② 赵东方：《中英语言文化的碰撞——功利主义语篇形式与儒家语篇形式对比》，《辽宁行政学院学报》，2006（1）。

形式的六个特点作为参照点，结合本研究结果和其他学者的研究对比分析儒家语篇形式和功利主义语篇形式。

6.1 反修辞与赞同运用修辞手法

功利主义语篇系统反对使用修辞手法，崇尚简洁。其特征可以概括为是 C－B－S 风格，即清晰（clarity）、简洁（brevity）、真实（sincerity）的信息，目的是尽可能地表达事实，让事实本身说话。同时让读者直接运用自己的理性来对事物进行判断，修辞手段被认为会干扰正常的理性判断。这种反对修辞的语篇观也反映出了注重人类语篇的理性和科学的本质。然而，儒家语篇系统提倡运用修辞手法，人们的言语交际风格就体现了这一特征。研究发现在中国人的言语交际风格调查中，老一代中国人无论是口头表达还是书面语都善于引经据典，说话婉转。另外汉语中也有很多种修辞手法如比喻、象征、比拟、比兴等等。修辞与一个民族的文化传统有着密切的关系，汉语运用大量的修辞手法间接表达出说话人的真实意图，是文化的反映。

6.2 实证经验主义与信奉权威

功利主义语篇倡导者认为科学思想是人类思维和语篇最好的形式。该语篇形式强调实证－经验的特征，其根源在于 16、17 世纪以来，科学不断向前发展，科学家们通过实验和经验向人们证明他们的研究成果。传统的做法是引用权威，如亚里士多德等，来证实自己的研究成果。后来，科学界人士相信用清楚、简洁、诚恳的语篇风格可将实验的步骤写出来，别人再按照这些步骤去做实验也会得出相同的结果，这样一来，清楚－简洁－诚恳的语篇风格得到了科学界的推崇。个人的权威被实证－经验主义语篇形式本身的权威所取代。人们对某个语篇相信与否，不取决于谁写了它，而是取决于这个语篇是不是用实证－经验主义语篇形式来组织的。在西方人看来，科学规律是真理。儒家语篇形式却与之不同，那就是引经据典，信奉权威。中国的权威主义是中国五千年文化的必然产物。黎鸣认为这种传统的信奉权威的开创者恰是中国的圣人孔子，"孔子首创了赞颂政治领袖的记录，虽然他赞颂的不是他当时的鲁国的国君，而是尧、舜、禹、汤、文、武、周公"[1]。孔子自认"述而不作，信而好古"[2]。信奉权威还体现在征引圣人之言，圣人说过的一定是不错的。中国人的信奉权威还体现在相信大人之言，有权力的人说的也一定是不错的。孔夫子早就说过，君子"三畏"，"畏天命，畏大人，畏圣人之言"。中国自西汉"罢黜百家，独尊儒术"之后，儒家经典就成了古代知识分子最基本的教科书。议论文中也形成引经据典的论证方式，把权威人士的话作为论据。本研究也发现前四代人的言语交际风格都是惊人的相似：引经据典式的老套话语。第五代人生活在网络时代，网络成为人们生活中必不可少的交流工具。科学技术的发展、经济的全球化、大众传媒的作用都促进了第五代人语言风格的变化。这种风格与西方的话语风格，特别是美国人的

---

[1] 黎鸣：《问人性：东西方文化500年比较》，上海三联书店2011年版。
[2] 《论语．述而》

言语交际风格相似。美国绝大多数人追求个性的自由，在文章的写作中，注重创造性，喜欢创造自己的独特语言，避免陈词滥调、老生常谈。

6.3　演绎/平等与归纳/等级

功利主义语篇系统认为在文章的写作中，尤其是引进话题时，运用演绎还是归纳，取决于读者与作者、听者与说者之间的关系。当不需要建立关系，或双方的关系平等时，就用演绎的方式来组织语篇。如果彼此的关系不平等，出现了等级，就用归纳的方式来组织语篇。上面所介绍的功利主义语篇的反对权威、反对修辞的两个特点表明功利主义语篇系统的成员之间的关系都是平等的、不重要的。相反，语篇本身的语境是重要的，这种偏爱的结果是功利主义语篇形式都是用演绎的方式，即开门见山的方式引进话题。中国社会自古以来以差序格局的社会结构为主要特征。在人们的心目中，等级结构根深蒂固，人们服从权威和长上。年长者和为官者应受到社会的尊重，社会地位低的人应该服从社会地位高的人。这是中国社会典型的人际关系特征，即有等级的、不平等的人际关系。这种不平等的关系，使得听者、说者、读者、作者的关系被拉远。在这种情况下，归纳的语篇形式就被运用起来，说者、作者都循序渐进地引出主题。从另一个角度说，这种东西方语篇组织上的差异也是东西方思维的差异。黎鸣认为"中国人的思维有循环论的特征，而西方人的思维有进化论特征"①。简言之，中国人的传统思维方式是螺旋形的，而西方人的思维方式是直线形的。从事跨文化交际的人们应了解东西方这种语篇形式上的差异，以便于有效沟通，减少因语篇形式上的不同而产生的误解。

6.4 独创性与引经据典

　　功利主义重视具有创造力的个人。这种气质反映在功利主义的语篇形式中，即作者们应尽量不使用固定的短语、比喻、格言、陈词滥调，努力使自己的话语具有独创性，具有新鲜活力，这种独创性归结起来有两点：一是交流必须是自由的，一个人说出想说的话，表达必须有独创性。功利主义语篇形式的另外一个特点即公开性。功利主义语篇形式绝大部分是公开性语篇。公开性语篇一般有两个作者：隐形和显形作者。隐形作者是语篇的真正作者，显形作者代表的是某一集团承包、公司或机构的利益。不过公开性语篇必须经过某一权威的许可或审批才能得到公开发表。儒家语篇系统中，集体主义色彩比较浓重，中国文化被公认为是以集体主义为取向的文化，尽管在当今中国社会人们的价值观念已经发生了深刻的变化，但人们对集体仍有着很强的归属感。现代中国社会仍然强调集体的重要性，主张个人服从集体。集体主义取向这一价值观渗透到了中国社会和文化生活中的各个方面，自然，这一价值观也体现在中国人的写作习惯中。在汉语文化中一直存在着"惟古、惟圣、惟书"

---

　　① 黎鸣：《问人性：东西方文化500年比较》，上海三联书店2011年版。

的传统，因此固定表达法使用得相当普遍。我国古代的文人政客们所写的政论性文章中充斥着俯拾皆是的"子曰""诗云"之类，而北宋的著名诗人黄庭坚更是强调写诗写文章时不可一字无来历，严重缺乏独创性。在语篇形式上，本研究也发现前四代人的言语交际风格都是惊人的相似：引经据典式的老套话语。第五代人生活在网络时代，网络成为人们生活必不可少的交流工具。科学技术的发展、经济的全球化、大众传媒的作用都促进了第五代人语言风格的变化。这种风格与西方的话语风格，特别是美国人的言语交际风格相似。美国绝大多数人追求个性的自由，在文章的写作中，注重创造性，喜欢创造自己的独特语言，避免陈词滥调、老生常谈。

两种文化之间的差异可以通过语篇形式反映出来，任何一种文化的语篇形式都不是绝对的，我们可以概括地说中国人的语篇或者说儒家语篇形式的总体特征是善用修辞手法，比较信奉权威，写作中多采用归纳手法。受集体主义文化的影响，人们的语言风格趋于采用引经据典式的老套话语。随着时代的进步，也随着人们思想观念的变化，人们的语篇形式也会发生这样那样的变化，如第五代人的言语交际风格与美国人的言语交际风格相似，这是文化的作用的结果，也是网络时代的产物。

第七章

美国代别语篇系统与中国代别语篇系统

7.1 美国的代别语篇系统

为了更清晰地对比中美代别语篇系统,笔者有必要先介绍一下美国的代别语篇系统。1978 年 Layne Longfellow 利用国家及世界重大事件将美国人分为专制一代(在 1919～1928 年出生)、经济萧条和战争年代(1929～1945 年出生)、婴儿潮(1946～1964 年出生)和信息时代(1964～1980 年出生)四代。这四代人的统计截止时间为 1994 年。四代人划分的理论依据是意识形态以及间接社会化。社会化的研究是依据人的本性的理论。Ron Scollon 和 Suzanne Wong Scollon 在 Layne Longfellow 提出的框架基础上补充了语篇形式和面子系统,并运用语篇系统理论分析了美国四代人之间的语篇系统差异。美国语篇系统的研究为中国当代代别语篇系统研究提供了理论框架。首先我们来看一下美国四代人的语篇系统。

1. 专制一代:(在 1919～1928 年出生)

意识形态:父辈在家中是权威者,不反对控制和权威,也相信他们的后代会接受他们的权威。对于第一代美国人来说，他们的世界观受到世界大战的影响。这一代人中年龄较小的出生于一战期间，大多数人在二战时已步入成年（18~20岁）。二战对美国个人主义的发展起了推波助澜的作用。第二次世界大战打破了社会关系，作为移民后代，这些从欧洲作战回来的美国人发现他们在与自己的同胞作战，是战争使他们彻底割裂了对故乡的忠诚。这代人中年轻时又经历越战的爆发，他们的孩子出生在战争期间，战争成了他们生活中不可或缺的一部分。他们不怀疑战争，相信权威。

社会化：保守的育儿方式。限制孩子的自我表现。心理人类学家Martha Wolfenstein写了一部研究了父母抚养孩子变化的书名为《婴幼儿护理》（Infant Care）。这本书中描写了第一代美国人对婴幼儿的育儿方式，那就是严格限制孩子的自我表达。在前面介绍社会化时我们提到社会化的一个方面是关于人的理论，人是邪恶的还是善良的。第一代美国人的文化意识受到人性本恶的观念影响，美国政府对新生儿父母的建议就是依据此观念。所以这一代人实施他们做父母的权力，严格限制小孩的行为活动。

语篇形式：电子媒介、电报、收音机和电影在20世纪初，也即他们在10多岁时进入他们的视野。他们到中年时，电视成为美国媒介的主要特征。在公共生活中交际的主要手段是书面的文字和演讲，他们对读报有狂热的爱好。英语对这代人来说是唯一的语言。

面子系统：称呼能恰当地反映人际关系。对于美国的第一代人来说，父母亲与孩子之间是传统的等级关系。子辈采用尊称称呼父辈，如孩子称父母为父亲、母亲，而不是直呼其名。

2. 经济萧条和战争年代（1929~1945出生）

意识形态：这代人从出生开始就经历了经济大萧条。这代人的父母生活在动荡不安的经济和社会条件下，同时又摆脱不了二战的恐惧。很多孩子的父亲在二战中战亡。他们知道成功不可能指望从父辈那里继承。要想成功必须要靠自己，靠个人奋斗。

社会化：对于这代人的小孩抚养，家长们开始注重孩子的自我调节，孩子的行为规范化。这体现在训练孩子很早（6个月时）学会自己大小便。

语篇形式：这代人可以称作是新闻时代的人。他们是第一代伴随着收听收音机新闻和体育报道长大的一代人。电视对他们来说还没有成为主要的媒介。

面子系统：家庭中的主题是争夺统治权，年轻人认为他们更值得尊敬，更应享有权利，恰当的人际关系界限是模糊的。父母亲与孩子之间是传统的等级关系。如孩子称父母为父亲、母亲，而不是直呼其名。

3. 婴儿潮（出生于1946～1964出生）

意识形态：出生于战后的这一代人经历了经济快速发展，物质丰富了，但由于人多，他们又感觉到物质的不足。这代人的父母想把战争和经济大萧条忘掉，但不幸的是这代人又经历了冷战。战争使他们无法享受也无法实现个性表达。所以对这代人来说，自我的中心定义就是抗战，反权势。在这一过程中这代人真正实现了美国个人身份的这种自我，以我为中心的个人主义。

社会化：具有消极意义的个人主义在《婴幼儿护理》这本书的开篇话语中得以充分体现，那就是"Trust Yourself"（相信自己）。这本书告诉我们父母不再控制孩子的用碗行为，相反，父母在看孩子做决定，强调孩子的自由意愿、自由决定权、自我发现、自我表达。婴儿潮一代是美国真正平等的一代人。

语篇形式：现代媒介对这代人产生深远影响。这是一个电子时代。他们是电视和音乐时代的产物。他们不相信线性论证以及传统或历史的惯例。这代人不断地发表新观点，避免任何形式的陈词滥调或僵化的表达。

面子系统：这代人出现了关系这个概念。联系不太紧密的社会组织如关系、网络、支持团体等开始出现。这些关系与传统的家庭关系、社区概念不同，他们是建立在共同的兴趣、需要和利益之上的。他们所建立的关系是平等的、短时的关系。称呼方面是平等的，孩子以名呼唤父母。

4. 信息时代（1964～1980出生）

意识形态：推迟的一代，推迟毕业，推迟进入工作岗位，推迟成家立业。

社会化：育儿方面，家长雇佣职业专家，自己追求事业的成功。

语篇形式：电脑作为媒介成为客观能力的主要象征。

面子系统：这代人完全消除了代别等级。称呼上是平等的，与父辈们用名字相称。两个因素促成这代人与他们父辈之间的平等关系。一是他们具有现代社会所依赖的计算机和电子技术上的优势；二是二战后美国家庭结构的变化。人口统计表明这代人中大多数人的父母离异或再婚，因此孩子们不愿意用表示亲属关系的称呼如父亲或母亲称呼他们的继父或继母，用"Mr"或"Mrs."也不合适。其结果是用名字称呼大人，这就解决了家庭关系中的称谓问题。

从米德关于代际文化的角度看，美国的专制一代应属于前喻文化。这代人是老年文化的代表，他们对父辈是尊敬的，他们在家里是有权威的。从语篇系统的分析我们看不出美国第三代人与父辈之间的冲突，但科技的发展，父母对孩子的社会化过程使作者得出这样的结论：美国大萧条时代的人以及美国的婴儿潮一代人可以模糊地定义为并喻文化。美国大萧条时代的人是处于转折时期的一代人。这一代人在经济大萧条和二战的双重影响下，精神幻灭，他们对过去和传统失去兴趣。这代人的意识形态表现为反权势、反传统。在社会化的过程中,父母也不再限制孩子的自由。信息一代人具有后喻文化的色彩,他们这代人是青年文化的代表。这代人具有技术上的优势,是父辈们反过来向他们学习。

7.2 中美代别语篇系统对比分析

美国四代人的划分时间截止到1994年,本书对中国五代人的划分以2003年北大学者刘能所做的关于代际划分为依据。中美代际的划分都是根据国家及世界重大事件,但由于我们代际研究起步较晚,中美代际语篇系统的对比分析无法从时间角度进行。所以作者只能从语篇系统的内容入手以期发现语篇系统方面的文化差异。美国代别语篇系统研究中,社会化这一部分主要集中讨论婴幼儿阶段的育儿方式,是基于人性的角度。我们的问卷也涉及这方面,但不是基于人性的角度。根据中国特色的教育以及对比现在的父母对孩子早期教育方式,我们从三个方面(对孩子的照顾,孩子幼年教育,家长对孩子教育的态度)探讨中国的父母对他们的孩子的初级社会化所采取的方式,因此在下面的比较中我们不包括社会化的比较。中美代别语篇系统的对比主要从意识形态、语篇形式和面子系统三个方面进行。

1. 意识形态

美国四代人的语篇系统在意识形态方面具有西方文化的特征。个人主义是美国四代人主要的社会形态,是一个共同的主题。他们都认为个人是社会的中心。正统的权威一代人在某种意义上是传统美国人的最后一代。个人主义的价值观根深蒂固。婴儿潮那代人很骄傲地认为他们与上一代人不同,他们反传统和历史。这一代人的个人主义体现在自我表达方面。美国大萧条时代的人是处于转折时期的一代人。这一代人在经济大萧条和二战的双重影响下,精神幻灭。他们对过去和传统失去兴趣,对婴儿潮一代人的那种自发的以利益群体为中心而建立起来的平等关系也不感兴趣。他们既没有对传统的深深留恋,对现代的平等关系也没有兴趣。个人主义在这一代人身上具有消极意义,对他们而言,个人成功具有至高无上的价值。美国的"个人主义"就是"自我中心主义"。作为一种社会价值观,"个人主义"源于古希腊,文艺复兴后在西方得到发扬光大,在今日美国社会得到了最高的表达。它的基本特点是优先考虑个人权利、自由和幸福。在这种价值观下,一个人如果不独立就不能称为一个完全意义上的人。这是一种"个人大于集体"的模式,个人作为群体的对立物而存在,家族、社会、政府被贬低。

中国的四代人在意识形态方面也具有明显的儒家文化特征。东亚社会文化传统趋于认为群体的价值大于个体的价值,整体利益大于个人利益。家长在家中具有绝对的权威。在这样的社会中,个体一般都生活在一个由近亲、熟人等组成的关系密切且相互依赖的圈子之中,从这个意义上说,个体不是完全独立而是"黏着"于群体之内。由于较强调群体的和谐,个人的行为更趋于与他人、与环境的趋同而不是独立和自由。与之相联系的价值观是更崇尚同一性、划一性、谦让和忍受,而不是个人表达、独创、标新立异以及充满自信地追求自己的目标,更强调对权威、高位者、传统和环境的服从而不是鼓励向其挑战。

2. 语篇形式

我们在第六章从宏观角度对中美典型的语篇形式进行了对比分

第七章 美国代别语篇系统与中国代别语篇系统

析,此处的语篇对比是以代为横轴,以语言的作用为纵轴进一步分析中美语篇系统的异同。

中国的第一代人即1945年以前出生的,与美国的第二代即生于1929~1945年间的那代有相似之处。中国的第一代人以写信、收听广播作为与外界沟通的主要媒介,美国的第二代人也是伴随着收听收音机新闻和体育报道长大的一代人。电视对中国的第一代和美国的第二代人来说都没有成为主要的媒介。中国的第二代和美国的婴儿潮一代在年代上接近。看电视和读报是中国第二代人生活中获取信息的主要方式。到了美国的婴儿潮一代,现代媒介对这代人产生深远影响,这代人是电视和音乐时代的产物。中国的第五代与美国的信息一代人在语篇形式上又一次出现相似,那就是电脑时代。网络成为人们生活和工作必不可少的工具。中国的第四代人兼具第三代和第五代人的特征,他们既是电视时代的产物,也受到网络时代的冲击。不过第五代人才是真正的电脑时代的产物。尽管中国的代际划分无法与美国的代际划分在时代上一一对应,但在语篇形式上,有时代的共性。

3. 面子系统

面子系统主要指人际关系,与自己圈子的人建立关系或是与外圈人建立关系,其关系是暂时的或是长期的关系;在称呼上是以表示平等关系的名字或是以显示等级关系的姓称呼对方;与长辈之间是一种独立还是相互依赖的关系。美国的个人主义由于较强调独立,个人对"自己圈子世界"和"自己所属圈子之外世界"的区分不敏感。又由于个人不是生活在一个相互依赖的圈子中,所以个人除了自己之外趋于不信赖、不依赖任何人。在称呼方面,美国的前两代人的子女对父母采用尊称,而美国的后两代人即婴儿潮和信息时代的两代人对父辈们采用平等的以名字称呼的方式,这种称呼方式也体现了建立在平等观念基础上的个人主义精神。人际关系只是在美国的婴儿潮一代才开始出现，他们所建立的关系是短期的、建立在共同利益基础上的外群关系。

中国的五代人在内外群关系方面总体上趋于建立内群关系和长期的关系。在称呼方面，子女对父母采用尊称，大多数用爸爸、妈妈，没有人用名字称呼父母。孩子们依赖父母。"我字当头"的一代人可以与美国信息一代人相提并论。他们是第一代用名字称呼父母的人。独立意识和平等观念已深入人心。外群关系的重要性超过内群关系。随着时代的进步，五代人的面子系统关系在发生不同程度的转变，但五代人有一个共同的特征就是他们重视长期关系，这也许是中国人人际关系的一个典型特征。

尽管中美代际语篇系统无法从代的视角进行横向对比，但从语篇系统角度分析，尤其是以面子系统和意识形态的对比分析可以看出两种不同文化的差异。中美两种不同文化从根本上说是儒家文化和基督教典籍文化。由孔孟开创的儒家文化倡导人性本善的观点，他们把善主要理解为克己、礼让（包括孝悌、忠恕）。西方古代哲人和先知持人性本恶的观点，他们把善理解为知识，主张上帝面前人人平等。两种文化中的主流价值观念即中国的集体主义价值观和美国的个人主义价值观，这两种不同的价值观影响着中美各代人之间的交际模式，更确切地说影响着中美各代人的语篇系统。

中美代际面子系统分析告诉我们，不能说中国人的人际关系完全是有等级的，我们只能说，中国的人际关系模式在老一代人身上表现出更多的等级关系，而在年轻人身上却表现出平等的趋势。美国的代际面子系统分析也表明在关于人际关系的假设上，我们也不可能说美国的人际关系是绝对的平等。美国专制一代和婴儿潮两代人之间的交际就好像是美国人与亚洲人交际。这一分析告诉我们，在跨文化交际中我们应该突破文化定势的弊端，促进代际间的有效沟通，同时也促进不同文化之间的有效沟通。

最后，我们要指出的是中国的代际研究和美国的代际研究都有一定的局限性。中国的代际研究对象主要是北京地区的城市人口，美国的代际研究主要是东海岸说英语的人口而没有包括其他少数民族群体和农村人口。如果样本大，也许我们的结论会有所不同。但是，中美所研究的代际人口在中美社会的文化发展中具有重要地位，所以我们的结论对今后这个领域的相关研究会有一定的指导意义。

第八章

中美语篇系统的文化差异

儒家语篇系统与功利主义语篇系统之间存在多方面的差异。中国的代别语篇系统与美国的代别语篇系统之间也存在这样与那样的差异。两种不同的语篇系统以及两个文化之间不同代别之间的语篇系统差异归结起来主要是由于文化传统、价值观念、思维方式、语境及自我构建不同造成的。下面从五个方面分析中美语篇系统的文化差异。

8.1 不同的文化传统

民族性、国度性是文化的重要属性。从历时角度看,文化是变化的。任何一种民族文化,都有它发生、发展的历史,都有它的昨天、今天和明天。本章探讨中美语篇差异的根源,因此我们的重点在于分析中美两国的传统文化。传统文化所蕴含的思维方式、价值观、行为准则,一方面具有强烈的历史性、遗传性,另一方面又具有鲜活的现实性、变异性。它时刻影响着我们,在影响现实的同时,也在新的时代氛围中发生蜕变,因此考察一个民族的文化传统有助于跨文化交际的顺利进行。

1. 中国传统文化

汉民族文化传统，历史悠久，内涵丰富。在数千年的文化发展过程中，汉民族文化形成了自己鲜明的民族特色，其中最主要的就是浓厚的封建礼教色彩。民顺、臣忠、君仁的封建礼教规范和家族血缘关系的子孝、父慈的宗法伦理观念，几乎包含了中国传统文化的全部内容。以孔孟为代表的儒家所建立和推崇的"仁义礼智信"的礼教观念，以及"君君臣臣，父父子子"的等级观念是中国文化占主导地位的思想。这种传统文化注重名分，讲究伦理，强调人与人之间的关系，上下有别，长幼有序。这种传统文化也就给传统中国人的语言使用带来种种影响，人们在言语交际风格上表现出等级观念。儒家代表人物身体力行，《论语·乡党》记载了孔子的容色言动，颂扬孔子是个一举一动都符合礼的正人君子，说孔子"朝，与下大夫言，侃侃如也；与上大夫言，訚訚如也。君在，踧踖如也，与与如也。"这句话的意思是，孔子在上朝的时候，（国君还没有到来）同下大夫说话，温和而快乐的样子；同上大夫说话，正直而公正的样子；国君已经来了，恭敬而心中不安的样子，但又仪态适中。这种儒家交际规范影响了传统中国人的语言使用和言语交际风格。前喻文化的代表，老一代中国人尊重长辈，对长辈采用尊称的称呼语。儒家思想注重人际关系的和谐，在语言的使用上表现为间接的语言风格。

与等级观相适应的是汉语语用推崇有地位者的言论，这种传统使语言运用中大量引用前贤的语录来说明观点。引经据典式的话语风格成为具有强烈民族特色的语言风格。在漫长的封建社会里，各朝代的皇帝为了强化其统治地位，将儒家的学说抬高为经典，先有五经，后有十三经。凡是经典中的话语，都被后人视为经典规范。

从修辞的角度看，汉语崇尚引经据典使汉语的"引用"辞格发达、丰富。但从另一个角度看，这种"征圣语"也限制了语言的独创性，使语言缺乏活力。

传统中国文化的另一特点是讲究礼貌。中国是一个文明古国，礼仪之邦。中国式的礼貌有着悠久的历史渊源。《礼记·乐记》中说："乐者天地之和也；礼者，天地之序也。和，故百物皆化；序，故群物皆别。乐由天作，礼以地制。过制则乱，过作则暴。明于天地，然后能兴礼乐也。"这段话的意思是：乐所表现的是天地间的和谐；礼所表现的是天地间的秩序。因为和谐，万物能发育生长；因为有秩序，万物能显现出差别。乐依天道而凿，礼按地理而制。制礼超过分寸会造成混乱，作乐超过分寸会越出正轨。明白天地的道理，然后才能制礼作乐。在这里，秩序与和谐十分重要，体现了一种"天人合一"的理念，同时也道出了人与人之间温良恭俭让的交往准则，以及中国人的礼貌规范。人们在交往时，不仅要互敬互爱、彬彬有礼，而且常常使用敬辞与谦辞来表示互相尊重。在称呼亲属时，子辈多用敬辞称呼长辈。顾曰国先生在《礼貌·语用与文化》[①]的论文中总结了中国人所遵循的五个礼貌准则："自卑而尊人"与贬己尊人准则；"上下有义，贵贱有分，长幼有等"与称呼准则；"彬彬有礼"与文雅准则；"脸""面子"与求同准则；"有德者必有言"与德、言、行准则。这五个准则的核心是贬己尊人的中国式礼貌。这种核心思想在老年文化中尤为突出。他们自己严格遵守这一礼貌准则，同时他们也把这一传统传给下一代。

老子在《道德经》第二十五章提出"人法地，地法天，天法道，道法自然"的主张，该句话道出人与天地万物同生共处、和谐

---

① 顾曰国：《礼貌·语用与文化》，《外语教学与研究》，1992年第四期。

相处的道理。中国文化追求的是均衡、中庸、调和持中。中国传统哲学所讲的"和而不同"就是将各种不同质的事物和谐地融合在一起，这样才能产生出新的事物。

2. 美国文化

美国文化属于西方文化的范畴，但又不同于其他西方文化。它不但有别于其亲缘关系很近的英国文化，而且有别于它的近邻加拿大。可以说，美国文化是西方文化中非常独特的一种民族文化。美国著名历史学家佩瑞正·米勒（Perry Miller）曾经说："与其他民族相比，美国民族的最伟大特征就是有意识地、明确地、公开地、确切地去做决断；作为美国人，他们不是要继承什么，而是要达到什么。"① 另有美国学者认为，美国社会就处在流动和变化之中。喜欢变化和各种形式的流动是美国民族特点结构中具有决定意义的一点。正因为美国社会长期处于变化中，新发明不断出现，社会生活节奏快，选择、变化、运动和进步成为美国人精神的体现。所谓"美国精神"，从广义来看，就是美国人所奉行的价值观念，美国人的生活方式、思想方式、文化认同以及典型的心理特征。狭义的"美国精神"概念则指美国人以成就为导向和不断进取、开拓的性格特征。谈到美国精神，我们不得不追溯美国文化的渊源。美国文化体系的源头是希腊文明。西方世界早在古希腊时期便形成了农业、手工业、商业并重的经济结构，商品经济和社会分工十分发达。随着工商业阶层的崛起，以平等交换为基础的商业原则促进了希腊个体意识的觉醒和成熟，由此孕育出西方人个体本位的文化精神。该精神的实质是肯定人作为个体存在的价值，承认个人的尊严与价值，肯定个

---

① P. Miller, Nature's Nation [M], Cambridge, Mass: Harvard University Press, 1967, 13.

人的权利，倡导自由精神，鼓励个人创造性的发展。亚里士多德认为，一个人最高的善在于自我实现。对个体价值的重视削弱了个人对家族的从属关系，到基督教文化统治时期，家族权威让位于宗教义务，并产生了"上帝面前人人平等"的思想。到文艺复兴时期，以个性解放为核心的人文主义思潮重新成为西方文化的主潮。到18世纪，启蒙运动的思想家们更是高扬起人生而自由、平等的观念且使它在法美等国的法律中固定下来。到了20世纪西方思想领域的存在主义哲学倡导每个人都可以自由选择自己的本质，这一命题把西方文化中的个人主义世界观发展到了极致。美国人的个体本位就这样发展起来。不过，美国个人主义文化传统应该始于1620年欧洲移民在北美马萨诸塞州普利茅斯所建的第一块殖民地。其后，伴随着移民们在北美大陆所进行的长达300年之久的西进运动，美国个人主义文化又得到进一步发扬。个人主义是美国文化精神的最核心内容。除此之外，美国人崇尚科技、崇尚竞争、实用主义。

美国人的个体本位、个体自由和技术理性等为基本内涵的个人主义文化模式使得美国人在人际关系方面追求平等。人们崇尚民主、自由和平等，强调人与人之间相互独立、自立自助。在他们眼中，人与人之间的"平等性"大于"权势性"，没有绝对的权威。他们虽然也尊重先哲，但不必要言必称圣贤，也不是引经据典式的话语风格。在言语表达方面，他们极力地彰显自我，凸显个性，追求标新立异，强调与众不同。因此形成了西方人特有的张扬、夸张与直接的话语风格。在称呼方面，人们的称呼以直呼其名为常。小辈可直呼长辈的名。下级可用名字称呼上级，学生也可用名字称呼老师。

在跨文化交际中，前喻文化的长者与后喻文化的年轻人，由于他们的社会化不同，他们的价值观念也不同，因而表现出不同的语篇形式和面子系统。中美两国的不同文化传统使得中美各代人之间在语篇系统的四个方面都表现出这样或那样的差异。为了有效促进各代人之间的沟通,也为了更好地促进中美两国不同文化间的有效沟通,我们需要尊重各自的文化传统,这样才能消除误解,避免冲突。

8.2 不同的文化价值观

我们知道在跨文化交际研究中,价值观是一个至关重要的问题。胡文仲在《跨文化交际学概论》一书中提出价值观是跨文化交际的核心。[①] 关于价值观的概念我们已在第三章语篇系统中有所介绍,这里我们从价值观维度入手,探讨不同的价值观维度对不同文化产生的深刻影响。

有一些价值观盛行于整个文化,这种价值观被称为文化价值观。对于文化价值观,不同学者从不同学科领域对此进行研究。人类学家克拉克洪与斯托贝克(《跨文化传播》,第四版)提出关于人类价值观的思考[②]。

人类本性(Human nature orientation)是什么?本性是善或是恶或是既善又恶?

人类和自然的关系(People – nature orientation)是什么?是屈服于自然,与自然和谐还是控制自然?

对待时间的倾向(Time orientation)是什么?是倾向于现在、过

---

① 胡文仲:《跨文化交际学概论》,北京:研究出版社1999年版。
② 克拉克洪、斯托贝克:(Kluckholn, Strodtbeck),《跨文化传播》(第四版)。北京:中国人民大学出版社2004年版,81~88。

去还是将来?

对行动持何种价值观(Activity orientation)? 是静态的情感状态/强调做人还是倾向于行动再或是强调变化(如内心的发展)?

人类关系的类型(Relational orientation)是什么?是权威主义导向,还是集体主义导向再或是个人主义导向?

我们从不同文化的角度解析人们的不同价值观倾向,有助于我们有效地进行跨文化沟通。下面我们以中美两国为例对上述五种文化价值观倾向做进一步分析。

1. 人的本性

不同文化对人的本性有不同的看法,自古以来,人们对人性的善恶之争从未停息。美国继承了清教徒的传统,其文化的定位建立在原罪的基础上。因此他们坚持人性是恶的观点。不过美国人也认为人们生而俱来的恶是可以通过遵守法规,通过坚持不懈的努力、控制和自律得到改变、提高和"获救"的。在中国,儒学和佛教哲学拥有人性本善的观点。"人之初性本善"是儒家思想的基本认知。在学校以及在家里,教师和家长教孩子背诵《三字经》和《弟子规》。中国的孩子从小就被灌输这种"人性本善"的观点。这是东西方对待人性善恶的基本观点。《人性善恶》(2010年6月,新世界出版社出版)的作者智缘认为芸芸众生,善恶兼而有之。这说明人具有可塑性。人最终为善还是为恶取决于他们生活中所经历的事情以及他们处理这些事情的方式。我们在这里讨论人性的观点主要从价值观的角度分析它可能对不同文化中的人的语篇可能带来的影响。

2. 人与自然

人们对人与自然关系的不同,会为人的态度、行为等提供不同的参照。美国人有着重视技术、科学和变化的历史。长期以来他们认为人类可以控制自然、征服自然。而中国人的观点却恰好相反。

中国人主张与自然和谐相处，天人合一的观点。我国著名的美学家朱光潜曾经讲过这样一个故事：有一个大瀑布，美国人一看：哎呀！咱们可以发电。中国人一看：哎呀，这真美！这个故事说明中美两国人对待大自然的不同态度。中国人讲天人合一，而美国人想到利用自然发电。这种对自然的不同看法源自两国不同的文化传统。在跨文化交际中这种差异也会潜移默化地影响着人们的交际风格。

3. 时间

时间涉及的是人们对待过去、现在和将来的态度。不同文化对待时间态度不同。中国悠久的历史使得人们推崇历史，热爱传统，沉湎于过去。我们可以从人们崇拜祖先，看出人们相信并重视过去发生的事情。

重视现在的文化认为当前最重要，快乐来自现在。重视未来强调未来，并期待未来比现在更美好。美国就具有这样的文化。对大多数人来说，未来对他们具有很强的吸引力，他们认为他们能够控制未来。这种对未来的乐观看法使得美国人愿意尝试新事物，愿意接受挑战。

4. 行动

行动包括三个方面的维度，即being，being-in-becoming, and doing。对于being的含义不同学者有不同的解释。《跨文化传播》中文版的作者闵惠泉等将其译为"正在发生导向"，也即"即时的行动、正在发生的行动。有些文化将正在发生的行动看作是生活的主要目标和乐趣。贾玉新在《跨文化交际学》一书中将being解释为"做人"。Stella Ting-Toomey对being的解释是"expressive/ emotional"①。对比上述两种翻译，笔者更倾向于贾玉新的解释。我们从跨文化的视角对比分析中美两国对待行动的不同看法，鉴于中美两国不同的民族性格，不同的文化传统，"做人"倾向更适合中国人的行动导向，而"doing"即"做事"更贴合美国人的心理和行为。"做人"倾向与"静"有关。受老子思想的影响，传统中国人好静而不好动。正如贾玉新所指出的，中国人追求内心与外部世界的和谐，崇尚人际间相互依赖②。偏爱稳定而不是变化。儒家思想关注人的主体，追求内省与人格完善，以达到德的境界。在道家与佛家的影响下，中国人又讲究"虚静""修身养性"。在道家思想影响下，人们又力图"无为而有为"。"无为"可以防止冲突、矛盾，"有为"会破坏和谐。因此，几千年来，受儒家和道家思想的影响，人们强调如何做人，如何做一个好人。做好人是社会之期望。"做事"倾向是美国主导文化的特点。其基本特征是倡导"实践"和"行动"。对实践和行动的重视反映在美国文化的方方面面。在言语方面，他们欣赏迅速决策、大胆直言的人；在工作方面，人们追求效率、竞争、求变；在性格方面，人们外向、直率、好动、独立、爱冒险。因此，人们独立奋斗，人们为争取成就而有为。

5. 人际关系

这一价值观与人们感知人际关系的方式有关。这里我们只简单介绍一下权威主义导向，我们的重点是集体主义导向和个人主义导向，因为这两个导向是中美人际关系差异的根源。

权威主义导向承认人与人之间存在领导与被领导关系。人们服从权威和长上。例如，生活在阿拉伯国家的人们认为一些人生来就

---

① S. Ting‒Toomey, Communicating across cultures. [M] Shanghai: Shanghai Foreign Language Education Press, 2007, (60).
② 贾玉新:《跨文化交际学》，上海：上海外语教育出版社1997年版。

是为了领导别人的,其他人是听从他们领导的,因此人们接受这种权威关系。

集体主义导向将集体视为最重要的社会单位。中国是典型的集体主义文化的国家,其集体主义文化的根源与孔子的思想有直接的关系。我们知道,统治中国文化的孔子思想的精髓是"仁"和"礼"所代表的思想。"仁"是人心,是做人的标准,是人生的最高理想和境地。"己欲立而立人,己欲达而达人"体现了"仁"的核心思想,即人既要立己(自立),也要立人(助人),要处理好人我关系。"仁"所包含的人际关系除了泛众爱,也包括家族、亲缘关系的爱,强调父义、母慈、兄友、弟恭、子孝。

"礼"是人们社会行为的规范,它规定社会成员的权利和义务,以及相应的行为。它主张克制自己,人的言语行为都要符合"礼"的要求。"礼"讲的是伦理,"伦"即辈分,强调的是等级差别,突出的是等级下的个人权利和义务。

孔子的思想告诉我们,中国的人际关系是集体主义倾向。要处理好人际关系,一个人必须把自己纳入集体,纳入大家庭,因为一个人独自难以成仁。"礼"的思想从另一个方面告诉我们中国式的人际关系是有等级的。不过,有研究表明中国的人际关系开始从等级关系向平等关系转变。我们前面的实证研究也表明中国第五代人与长辈之间的关系以及中国第五代人与朋友之间的关系也趋于平等化。这也许是自由、开放的环境所致,也许是时代的文化所产生的结果。

个人主义文化崇尚个体,相信所有人应该拥有同等权利。这与西方的基督教观念和欧洲的文艺复兴理念有关。不论是基督教还是文艺复兴思想都突出个体,主张个性解放、个性自由。英语的表达"God help those who help themselves"(自助者天助也)就充分体现了这一观点。在人际关系方面,西方社会尤其是美国的人际关系模式是平等的。在我们前面介绍的美国的代际语篇系统研究中,除了美国的第一代人即权威和正统的一代人外,家长和孩子之间是平等的关系。现代的美国人际关系模式更是支持平行或平等的人际关系。美国政府1776年颁布的"独立宣言"就明确规定"人人生而平等"。

克拉克洪与斯特拜客的研究对后来人们对价值观的研究影响很大。20世纪70年代初,霍夫斯泰德采用二元对立的方法,利用IBM公司提供的调查材料对与工作有关的价值观念做了深入研究,分离出四种价值维度,这些维度对所有文化中的行为都有深刻影响。这四种维度是:个人主义和集体主义,不确定性规避,权力距离,阳性主义和阴性主义。关于个人主义与集体主义的维度,我们在前面从人际关系的角度做了介绍,下面我们再从价值观的角度对个人主义和集体主义的表现以及根源做一个小结。

首先,个人主义与集体主义是东西方核心价值观。西方的个人主义价值观念可以追溯到文艺复兴时期。文艺复兴运动的指导思想是人文主义,即以崇尚个人为中心,极力发展自己、表现自我,这对西方现代意识形态影响甚为深远。而在美国历史初期的拓荒运动中,个人主义的精神也可以充分展现。人们歌颂独立冒险和进取精神,谋求个人利益和个人权利的价值观被崇高化。个人主义的具体表现如下:

①个体是组成社会的唯一的、最重要的单位,"我"的意识居主导地位。

②强调独立而不是依赖,在情感上不依赖于组织或机构。

③鼓励个人成就。

④在社会中,每个人应照顾自己和直系家庭。

⑤内外群人际关系界限不明显,愿意与许多不同组织建立关系,

关系倾向于短期的、变化的。

其次，在倾向于个人主义的文化中，人们更多鼓励竞争而非合作；求变而非求稳；人们张扬个性，崇尚自由。霍夫斯泰德的研究表明美国倾向于个人主义。这种文化相信所有人应该拥有同等权利，人们的个人目标优先于对家庭或集体的效忠。

与此相对，集体主义是中国文化的主要价值观，集体主义涵盖了群体、集体、国家、民族等不同层面的内容。它强调社会第一，个人第二。个人利益应当服从社会整体利益。有了"大家"才能有"小家"。除此之外，中国文化还重视亲戚之间、朋友之间的群体关系。这种群体意识与古代中国农耕农业有直接关系，它是形成中国传统集体观念的根源。因为在从事农业的社会中，人们在长期共同地域生活中处于相对稳定的状态，大家相互交往，相互帮助。同时儒家伦理也强调家庭和社会的和谐关系，强调亲属之间、朋友之间应为一体，天下一家。儒家的伦理道德观念是集体主义的基础。它要求下级对上级绝对服从。儒家伦理还认为，只有整个社会得到发展，保持稳定，个人才能得到最大利益。它所倡导的社会道德标准是社会利益第一，个人利益退后。这一切与西方个人主义价值观念完全相反。基于集体主义价值观念，中国人心中的英雄形象也都是能够为他人、为集体、为国家民族利益牺牲个人利益的人，如雷锋、孔繁森等。中国式的英雄人物与西方个体主义价值观下的英雄人物截然不同。可见，中华文化鼓励个人将立足点放在为他人、为集体、为国家服务。相对于个人主义，集体主义文化的主要特点如下：

① "我们"意识居主导地位。

② 个人以社会体系为基础。

③ 个人对组织和单位的情感有依赖性。

④ 在社会中，人们出生于一个大家庭，大家庭保护他们。

⑤拥有一个区分自己人团体（内群）和外人团体（外群）的界限。人们期望得到自己圈内人（亲戚、家族、组织）的眷顾，作为回报，他们忠实于这个团体。

中国就是典型的集体主义文化的国家。中国人提倡凡事以家庭、社会和国家利益为重。这就使得中国人对群体有很强的归属感。这种群体取向的必然结果是中国人相互依赖，相互合作。人际关系变得至关重要。

价值维度的第二个变量是不确定性规避，其核心是认为未来不可知。回避程度高的文化为了避免不确定性和模糊性，常常通过规章制度、规范、安全措施等向其成员提供稳定性。中国、日本、希腊、秘鲁、葡萄牙就具有高度不确定性规避。回避程度低的文化通常对于反常的行为和意见比较宽容，他们的规章制度比较少，他们更多地依靠自己，美国就是这样的一个国家。

所谓权力距离的态度是指地位低的人们对于权力分配不平等的状况的接受程度，是比较愿意接受还是不愿意接受。在权力距离大的组织文化中，权力高度集中，人们比较重视权威、地位、资历和年龄等因素。而在较小的权力距离文化中，人们之间是平等的。下属认为他们和上级之间都是同样的人，上级也这么认为。当权者经常和下级交流。

霍夫斯泰德所用的阳性主义和阴性主义并不是指男人和女人，而是指男性特征（竞争性、独断性）和女性特征（如谦虚、关心爱护他人等品质）。我们在这里不对这一维度进行进一步分析。

霍夫斯泰德所提出的价直观的四个维度，尤其是集体主义和个人主义维度，权力距离的维度，对于解释中国当代代别语篇系统提供了一个很好的参照。

8.3　不同的思维方式

　　与价值观念一样影响着人的行为方式的是人们的思维方式。所谓思维方式，简单地说就是思考问题的模式。Chen & Starosta[①]认为思维模式指的是说理模式和解决问题的方法。跨文化研究学者认为，东西方文化的不同造成东西方民族的思维方式不同。不同的思维方式也会造成交际行为、语篇结构、交际风格乃至词法、句法等方面的不同。总体来说，西方人强调逻辑和理性，他们的思维过程是线性和抽象的。卡普兰（Kaplan）的最早研究发现在语言顺序方面西方人主要是线性的，这种线性的思维模式强调个体。这种特点使得西方人在语篇方面主要采取演绎推理的方法，即从一般到具体。在言语交际风格方面，美国人表现为喜欢开门见山，直截了当。东方人的思维方式，尤其是中国人的思维方式是以直觉的整体性和和谐的辩证性为特征。由于中国人富于想象和依靠直觉，因此中国人的思维方式是圆式思维模式，强调整体。其在语篇风格方面表现为遵循从具体到一般的顺序，在言语交际风格方面表现为间接的方式。
　　为了对东西方不同思维方式有较为透彻的了解，我们有必要介绍一下不同民族所赖以生存的自然环境和社会环境。历史学、人类学、经济学、社会学、地理学等领域中的研究表明，古代印欧语系的人们，有些生活在恶劣的海洋性环境中，有些生活在干燥广阔的

[①] Chen, G. M. & W. J. Starosta, Foundations of Intercultural Communicatio. [M]. Shanghai: Shanghai Foreign Language Education Press, 2007, 144.

草原上，到处游牧迁徙。他们更多地领略了大自然的反复无常、变化不定的一面，因而他们需要客观冷静地对待自然、征服自然，并在与自然的搏斗中生存下来。这就产生了一种与大自然隔离的元初心态，即西方传统哲学的天人分离。人与自然的客观对立导致了对个性、理性的强调和追求。一些学者采用"领域依附"（field-dependence）和"无领域依附"（field-independence）来解释环境对思维方式的影响。贾玉新认为东方文化的思维方式更接近"领域依附"型，而西方文化的思维方式属于"无领域依附"型。

  使用汉语的中华民族生活在北温带的东亚大陆上，较少受到大自然的压力。另外，中国古代是农业型的社会，在农业经济中，人与土地、气候的关系是非常密切的。因此，中华民族对自然不是怀有敌对和恐惧心理，相反，我们是依附于大自然，这种人与自然的融洽气氛塑造了中国古代"天人合一"的整体观。这种朴素的哲学观念产生了中国人直觉的、整体的辩证思维方式，注重从整体上把握和认识事物。他们认为天与人、阴与阳、精神与物质是不可分割的统一体。中国人的这种思维方式几千年来一直占统治地位，构成中国人认知和交际的核心。

  以上分析表明，西方式的思维方式主要是线性的、抽象思维。他们善于分析和逻辑推理；而东方人，尤其是中国人的思维方式主要是圆式、具象思维模式。中国人富于想象和依靠直觉。对于不同时代的人，对于不同文化的人来说，两种思维方式可能都会存在，只不过在一种文化中，有一种思维方式处于主导地位。在跨文化交际中，我们应突破文化定式的框架，充分考虑同一文化中个体之间的差异和不同文化成员之间的相同之处，这样才能有效促进跨文化交际。

8.4 不同的语境文化

语境作为语言学概念，是德国语言学家 Wegener 于 1885 年最先提出的。Wegener 认为语言的意义是通过实际使用而产生的。语言的意义只有通过语境才能确定。而后，Malinowski 重新讨论语境这个问题，他把语境分为话语语境（context of utterance）、情景语境（context of situation）和文化语境（context of culture）。话语语境就是语言语境，情景语境指使用语言的一般环境，文化语境则指语言交际活动参与者所处的整个文化背景或即说话人或作者所在的语言社团的历史、文化和风俗人情。文化语境概念的提出把语境研究推到一个新的高度。说到对语境和文化关系的研究，我们不能不提起著名人类学家霍尔（Hall）。霍尔以研究人类非言语交际行为著称，但他对于语境问题的见解也同样具有独创性。

霍尔在 1976 年出版的《超越文化》一书中很有见地地提出文化具有语境性。他从感知和交流方面为我们提供了另一种研究文化之间差异的方式，那就是高语境和低语境文化。根据交流中所传达的意义是来自交流的场合还是交流的语言，他将文化分为高语境（强语境）和低语境（弱语境）两种，并按照从弱到强的方式将世界各文化排列在一个连续体上，以此表明不同文化在交际中所体现出来的不同文化价值取向。

为了了解语境和交流之间的关系，我们首先要了解语境一词的含义。霍尔（转引自《跨文化传播》）将语境定义为"围绕事件的信息；它与事件的意义紧密相连"①。简言之，语境就是语言赖以存在、被人们实际使用的环境。高语境的交流或讯息指大多数信息都已经体现出来了，仅有微小部分存于传递的讯息中；低语境的交流是通过外在的语言方式进行传达。换句话说，高语境文化中信息的诠释与获得对语境有较高的依赖，低语境文化中信息的阐释与获得对语言本身依赖度高。高语境信息的承载主要不是语言性的，而是非语言和语境的；低语境信息的承载是语言本身，信息主要包含于进行交际的语言中。高语境文化与低语境文化对交际的影响主要体现在语言表达上。Chen 以及 Starosta 在他们合著的书《跨文化交际学基础》中总结了高低语境对言语表达风格的影响特征。② 他们认为来自低语境文化的人们使用直接的语言表达风格，这种直接的风格体现在以下四个方面：①不强调情景语境；②重要的信息通常用明确的语言表达出来；③重视流畅、有力的自我表达；④人们倾向于直接表达观点，也倾向于劝说别人接受他们的观点。高语境文化的人们偏爱使用间接的言语表达风格。这种间接的言语表达风格也相应地具有以下四个方面的特征：①不强调明显的言语信息；②重要的信息通常通过语境因素如时间、地点、场合以及关系表达出来；③人们高度重视和谐，因而人们倾向于使用较模糊的语言，甚至在有些场合，人们保持沉默；④人们谈话时经常绕弯子，对别人要求不喜欢直接拒绝。在高语境文化中，意义也可以通过地位、年龄、性别、头衔和关系或通过个人的好朋友或同事传达。

其他学者也总结了高低语境文化的其他特征如低语境文化的人

---

① 克拉克洪、斯托贝克：，(Kluckholn, Strodtbeck)，《跨文化传播》（第四版），北京：中国人民大学出版社 2004 年版，81~88。
② Chen G. M. & W. J. Starosta, Foundations of Intercultural Communicatio. [M]. Shanghai: Shanghai Foreign Language Education Press, 2007. 50.

们倾向于发展暂时性的、短期的人际关系；高语境国家的人们愿意花时间注重人际间感情的培养，愿意建立长期的人际关系。

总之，高语境文化的人们内隐、含蓄，使用较多的非言语编码，他们的反应很少外露，区分圈内和圈外人，人际关系紧密。

低语境文化的人们外显、明了，使用较多的言语编码，反应外露，圈内外灵活，人际关系不密切。

简而言之，高语境文化的交际，有时显得秘而不宣、藏头露尾；低语境文化的交际，显得多言而冗余、宣而累赘。不同的文化对言语交际的重要性的认识是不一样的。在低语境文化里，人们往往对一些非语言交际行为视而不见；而在高语境文化里，交际者的面部表情、行动、交往速度、交往地点、难以言说的情绪、微妙的手势及其他周围环境细节等都是丰富的信息符号，给敏感的交际者以无限的信息与内涵。

霍尔等专家学者的研究结果显示，属于低语境文化的国家有德国、瑞士、美国、瑞典、挪威、芬兰、丹麦、加拿大。这些国家的文化都是重视具体细节安排与精确的时间表，不注重环境的作用。他们的行为系统源于亚里士多德的逻辑与线性思维。属于高语境文化的国家有中国、日本、韩国、美洲土著、美洲墨西哥以及拉丁国家。

8.5　不同的自我构建

在前面的关于影响东西方语篇系统的文化因素中，个人主义和集体主义是影响不同交际的主要文化因素。除此之外，个人主义和集体主义对交际的影响也反映在另一个变量即个人层面的自我构建上。Triandis 认为个人主义和集体主义方面所表现出的文化变化与该文化成员看待自己的方式（即自我构建）有直接的关系①。为了对自我构建这个概念有一个较为透彻的理解，我们依据 Gudykunst 的总结，在这里先澄清与自我构建相关的五种理论解释。Markus、Kitayama 认为自我构建有两个层面，即独立的自我构建和相互依赖的自我构建。Kashima 以及 Kashima 与 Hardie 提出自我构建的三个方面：①individual self（自我）；②relational self（关系型自我）；③collective self（集体型自我）。大多数学者还是认同 Markus 与 Kitayama 所提出的两个层面的解释。第二个理论解释是关于自我的两个方面是相互独立还是相互影响。研究表明，每个人都具有相互依赖和独立自我构建的两个方面，只不过在一个特定的交际场景，其中的一个方面指导人们的交际行为。第三个理论解释是自我构建是否受到情形、语境或关系的影响。Markus 与 Kitayama 的研究表明相互依赖型的自我构建依赖于特定的内群关系，也就是说，相互依赖型的自我构建是受特定的情形影响的，因为相互依赖型的人群的行为受内群关系的影响（如家庭）。第四种解释与交际变量有关。我们不能说，独立的自我构建与一个交际变量成正相关，那么，相互依赖的自我构建就与这个相同的变量成负相关。我们只能说独立和相互依赖的自我构建都受不同的交际变量影响。第五个理论解释是人们对测量独立自我构建和相互依赖自我构建的期待。理论上我们不应抱着这样的想法，即在进行独立自我构建的量表调查中，期待个人主义文化中的受试者所选的量表度高于集体主义文化中受试者所选的；在

---

① W. B. Gudykunst, Cross–Cultural and Intercultural Communication. Shanghai: Shanghai Foreign Language Education Press., 2007, 15~18.

测量相互依赖自我构建时，集体主义国家的受试者所选的量表度高于个人主义国家受试者所选的。受试者的选择由于样本不具有代表性，所以他们的选择不一定代表受试者的文化倾向。以上对于自我构建的五种理论解释为我们研究自我构建对交际的影响提供了理论参照。综合学者们对自我构建的理论阐释，笔者主要从自我构建对跨文化语篇系统的影响角度分析自我构建的两个方面：独立自我构建和相互依赖的自我构建。依据以往对东西方文化的研究，我们赞同个人主义文化强调独立的自我构建，集体主义文化强调相互依赖的自我构建的主张。Markus 与 Kitayama 指出相互依赖的自我构建把自己看作整个社会关系的一部分，并承认一个人的行为在很大程度上由这个关系中的其他人所决定，与其他人有关，受到其他人的思想、情感和行动的影响。例如，如果行为发生在家里，就是家人之间相互依赖的自我构建；如果行为发生在工作场所，就是同事之间相互依赖的自我构建。图 8-1 就较好地显示了相互依赖自我构建的人际关系特征。（注：以家庭成员之间的关系为例）

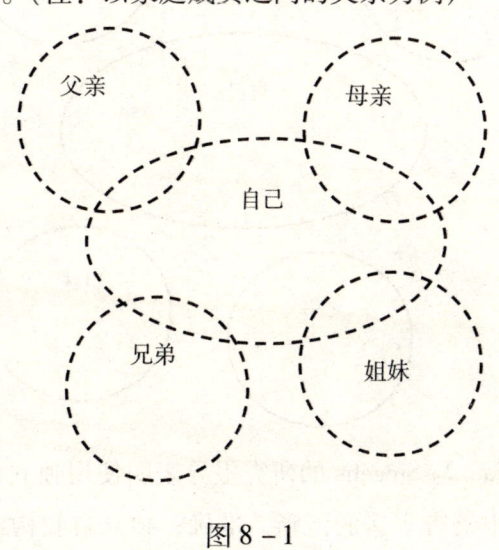

图 8-1

在人际关系方面，强调相互依赖自我构建的个人的主要任务就是要使自己的行为与其圈内人的行为保持一致，促进其圈内人的目标，摆正自己合适的位置。在言语交际风格方面，由于他们在乎别人的情感，他们的语言风格表现为间接的。他们善于察言观色，懂得人们的内心想法。Markus 与 Kitayama 进一步指出，强调相互依赖的人所表现出的谦让并不是软弱的表现，相反，它反映的是忍让、自控、灵活性和成熟。他们所展现的自尊取决于他们调整自己适应别人的能力以及在社会交往中保持和谐的能力。

独立的自我构建认为自己是独特的、独立的实体。这种独特性意味着一个人是参照自己的而非别人的内在思想、情感、行动而组织自己的行为并赋予其意义。下面的家庭成员之间的关系图（图8-2）进一步显示出独立自我构建人群的独立性。

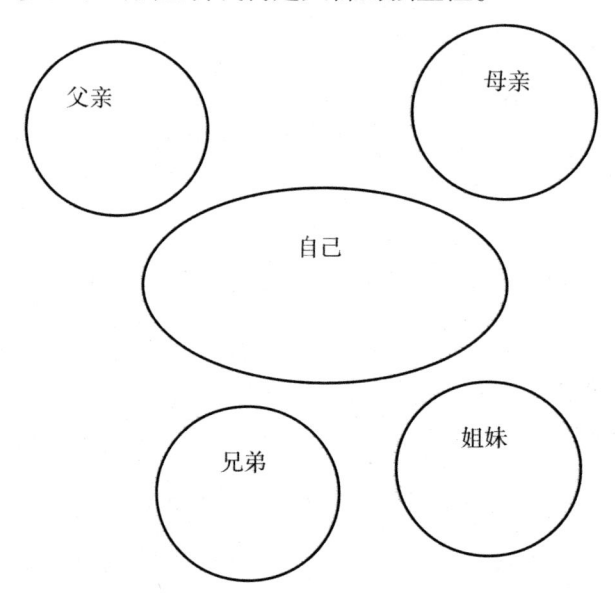

Kim, Sharkey 与 Singelis 的研究报导表明使用独立自我构建的人群更在乎交际中语言表达的清晰、准确；独立自我构建的人的主要

任务是追求自己的目标，表现自己，其自尊取决于表达和证明自己的能力。

以上学者的研究数据表明，与集体主义和个人主义的文化因素一样，自我构建同样能显示人们的言语交际风格。正如 Gudykunst 所指出，作为一个个人，每个人都具有相互依赖和独立的自我构建这两个方面，只不过，在构成自我构建这两个方面中，有一种自我构建处于主导地位，这种处于主导地位的自我构建被用来指导他们的行为。

我们在这一章节主要从文化传统、价值观、思维模式、高低语境和自我构建五个方面探讨中美语篇系统的文化差异。不同文化的差异或多或少影响了中美不同的代际语篇系统。同时我们也应以客观的态度看待文化差异。我们知道同一文化和不同文化在不同时代所表现的特征和行为是变化的，所以我们不应被自身文化所束缚，也应接纳不同文化所带来的差异性。我们应以开放的心态、包容的心理与不同群体和不同文化的人进行有效交流。

第九章

提高跨文化交际能力

9.1　跨文化交际的重要性

　　近几年，跨文化交际研究取得了很大的进步，该领域的研究视角越来越宽泛，研究内容越来越丰富而且越来越微观化和个性化。跨文化交际的群体不仅包括东西方两种不同文化成员之间的交际，也包括同一文化群体中具有不同文化背景的人们如不同代别的人之间的交际。本书所探讨的就包括这样两种不同文化如中国和美国两种不同文化的对比，以及同属中国文化但属于不同代与代之间的人们之间的语篇系统。美国的代际语篇系统研究以及作者对中国代际语篇系统的研究表明，不同代与代之间在意识形态、社会化、语篇形式以及面子系统方面存在这样或那样的差异。中美代际语篇系统的对比分析也表明，不同的思维方式、不同的价值观系统、不同的文化传统以及不同的人际关系模式导致中美两国的语篇形式和面子系统不同。在当今全球化时代，无论你是置身于不同群体文化之间（代际）还是与来自不同文化（东西方）之间的人交往，如果你要在多元文化时代应对自如，有效沟通，你就必须具备同背景、世界观、价值观、行为方式、言语风格等完全不同的人交流的能力。

今天的跨文化交流比以往更加重要。21世纪是全球化时代，随着互联网的普及应用，科技的进步，世界人口的变化，世界经济领域的转移使得各种文化的交流日益频繁。这种国际交往主要体现在国际商务谈判、国际教育和国际旅游中。如今，你可以乘飞机在几小时内飞往世界任何地方。虽然说空间距离大大缩短，但人们之间的文化距离或是心理距离并没有缩短。与之相反的是，人们不能再用旧有的观念和思维方式来理解和解释日新月异的世界里出现的各种新问题。同时，文化差异会导致人们交际失误、矛盾和冲突。这些隔阂使得不同文化的人们之间的心理距离加大。跨文化交流互动除了国际领域外，也包括国内领域的交流。我们在前面代际文化的章节介绍了前喻文化、并喻文化和后喻文化。这种依据代进行划分的文化告诉我们不同代之间的交际也是一种跨文化交际。我们生活在由不同代人组成的社会。由于他们的生活年代不同，他们的世界观、价值观、思维方式、交流方式和生活方式也会有所不同。在这个多代人并存的时代，我们不仅应该容忍我们之间存在的差异，更应该去尊重和赞美它。同样，在与价值观和行为方式与我们完全不同的来自不同国家的人进行交往时，我们也同样应该超越自己的文化，学会包容差异，学会文化适应。在多元文化（包括不同代人之间）并存的时代中，我们必须学会应对不断发生的变化，培养对文化差异的敏感性，缩短文化距离，发展跨文化交际能力，这已经成为新时代的迫切要求。

9.2 影响跨文化交际的因素

在跨文化交际中，有很多因素影响交际过程并决定跨文化交际是否取得成功，如文化身份、心理因素和环境因素。我们在下面的论述中，从一个人的基本身份认同、心理因素两个方面进行分析。

Stella Ting – Toomey 将一个人的身份分成八个领域，包括四个基本领域：文化身份、民族身份、性别身份、个人身份。四个情境领域：角色身份、关系身份、面子身份、符号互动身份。身份交际理论的作者 Hecht 等学者认为身份具有四个层面：personal layer（个人层面：个人的自我概念，自我认识）；enactment layer（设定层面或交际层面：自我在交际中通过信息交流，身份得以实现）；relational layer（关系层面：一个人的身份通过交际，在社会交往中或在与人的关系中共同协商、共同形成的）；communal layer（公社层，或集体层：群体是该身份存在的主要场所）。下面我们重点介绍影响代际间跨文化交流的几种主要身份：文化身份、民族身份、年龄身份（笔者根据此书所研究的领域，同时参考其他学者的研究，添加了"年龄身份"）、个人身份、角色身份和关系身份。

1. 基本身份认同

（1）文化身份

Stella Ting – Toomey 认为跨文化交际能力体现在新的交际情节中交际者双方之间的有效身份的协商。人们在自我身份的认定过程中越觉得安全就越乐意进行跨文化交际。身份的交际理论（The Communication Theory of Identity)① 指出身份是在交际过程中形成、保持和得到修正的,在交际过程中人们的身份显露出来。身份交际理论的作者从时空的角度进一步分析了身份在不同文化中的历史涵义。他们指出,古希腊、非洲和亚洲是世界三大文明的摇篮。我们现在对身份的理解就源于这三大文明摇篮。非洲文化对自我身份的理解反映的是和谐。亚洲文化中的自我深受儒家哲学的影响。儒家哲学将自我置于集体中,置于与别人的关系中。这种自我不强调个人的重要性。自我应该是克制自己的,约束自己的。古希腊文化中的自我体现的是对立,Hecht 用 polarity 来表示这一概念。这种对立体现在自我与别人如非自由人、少数人、女性、非希腊人等的对立。这同时表明希腊人概念中的自我是一种精神上的自我,是自由、男性、希腊人、公民。与集体主义对身份理解不同的是,这种自我主要被看成是一个独立的个人。另外,这种自我还包括城邦。成为一个城邦的公民也是一个人身份的主要方面。古希腊对身份的理解对美国主流文化对身份的解释有深远的影响。换句话说,美国人强调自我个性的身份主张源于古希腊的身份概念。人们通常把文化身份看作是某一特定的文化所特有的同时也是某一具体的民族与生俱来的一系列特征。Stella Ting–Toomey 将文化身份定义为 "the emotional significance that we attach to our sense of belonging or affiliation with the larger culture."② 即文化身份是我们赋予我们所属的大文化的一种情感的重要性。它在某一特定文化中形成,包括了解和接受该文化的

---

① Hecht et al. The Communication Theory of Identity in Gudykunst, W. (editor), Theorizing About Intercultural Communication [C]. California State University, Fullerton, Sage Publications, 2004, 385~386.

② S. Ting–Toomey, Communicating Across Cultures [M]. Shanghai: Shanghai Foreign Language Education Press, 2007. 30.

传统、遗产、语言、宗教、祖先、审美情趣、思维方式、社会结构。这个概念告诉我们文化身份是一个较民族身份更为宽泛的概念，人们通常把文化身份看作是某一特定的文化所特有的，同时也是某一具体的民族与生俱来的一系列特征。一个人在形成文化身份的同时，也就形成了他所属文化的信念、价值观、行为准则和社会准则。因而不同文化身份的人具有其独特的文化特征。

文化身份对跨文化交际的影响最重要，它体现在三个方面；即文化认同的重要性、强度和内容。重要性指的是一个人在一个特定的交际场景中，心理所感觉到的相对重要性；强度指的是一个人在一个特定的交际场景中公开、明确地表明自己的身份，有的人强烈认同自己的文化，有的人却不这样。文化身份的内容与价值观密切相连。强烈认同中国文化的人，其文化身份就会具有集体主义的价值观；强烈认同美国文化的人，其文化身份就会具有个人主义的价值观。在跨文化交际中，一个人的文化身份的三个方面都会不同程度地影响我们与不同文化人以及不同代人之间的交际。

（2）民族身份

民族身份是影响跨文化交际的另一重要身份。用 Stella Ting‑Toomey 的话来说，民族身份从根本上来说就是一个"a matter of ancestry, of beliefs about the origins of one's forebears"即"关于祖先的事，关于人们祖先的起源"[①]。民族与一个人的国籍、种族、宗教或语言相关。对于美国的许多人来说，民族依据于他们祖先所来自的国家。在跨文化交际中，交际者双方可能有意识或无意识地把对方进行民族分类，并贴上民族的标签。当一个民族把自己看成是世界

---

① S. Ting‑Toomey, Communicating Across Cultures [M]. Shanghai: Shanghai Foreign Language Education Press, 2007. 31.

的中心，把本民族的文化当作对待其他民族的参照系，以自己的文化标准来衡量其他民族的行为，并把自己与其他文化隔离开来，民族中心主义就产生了。民族中心主义既有积极的作用，也有消极的作用。从本民族的角度看，其积极的作用表现在一个具有较高民族中心主义的群体就如同该群体具有较高的爱国主义精神，它可以使人们更加团结，这个群体对内更加具有凝聚力。从文化的视角看，民族中心主义可以使我们更加认同本民族文化，更加珍视本民族文化的价值观。在认知功能方面，民族中心主义可以帮助我们以自己的文化为基础，建立关于自己的文化的一套信仰。关于民族中心主义的消极作用，我们将在影响跨文化交际的心理因素方面加以分析。

(3) 年龄身份

随着世界人口的老龄化，在同一主流文化中，不同代人之间的共存使得跨代之间的交往已成为跨文化交际的一个重要内容。年龄作用在跨文化交际中的作用是不容忽视的。无论是美国还是中国，许多学者从社会学、跨文化交际学、文学等领域研究代际文化、代际冲突。玛格丽特·米德从文化传递的方式出发，将整个人类的文化划分为三种基本类型：前喻文化、并喻文化和后喻文化。前喻文化，是指晚辈主要向长辈学习；并喻文化，是指晚辈和长辈的学习都发生在同辈人之间；而后喻文化则是指长辈反过来向晚辈学习。这三种文化模式是米德创设其代沟思想的理论基石，从身份的角度看，这一理论也是对年龄身份的解读。不同文化对年龄身份有不同的理解。中国是个有着尊老爱幼传统的国家。老年人受到整个社会的尊敬。在中国，与年龄相关的等级制度很明显。在父亲之后，长子便拥有最大的权威。孩子从小就被教导要感激长辈的养育之恩。总之，无论是在家里，还是在学校、社会和工作交往中，年轻人都差不多很自觉地尊重老人。在现代网络时代，虽然说老年人在知识、技能等方面可能落后于年轻人,但老年人的家庭地位和社会地位还是很高,年轻人尊敬他们。在个体主义文化中如美国,年轻人受到青睐。世界是年轻人的舞台。年龄不是地位的标志。由于对待年龄身份的认同存在差异,中美代际语篇系统也就呈现出不同的文化差异,这种文化差异既有代的明显特征,也有文化的迹象。

(4) 个人身份

每个人独特的经历、生活、个性都会塑造他们各自不同的个人身份。个人身份是个人关于自己的自我概念,自己的情感和信息。这些个人自我形象与他们自己独特的个性、动机、目标和价值观密切相关。个人身份有两个层面:实际的个人身份和理想的个人身份。实际的个人身份指个人在公开场合经常展示的,同时也被他人认可的那些独特的个人特征如果断、健谈等。但是,这些特征标签在你自己和别人看来可能会存在差异。理想的个人身份指在交往中受人喜欢的个性特征。在交际中别人越认可这些特征,这个人就越感觉到自己受到理解、尊敬和支持。

(5) 角色身份

角色身份与语境有关,指交际者在目的文化中如何根据自己的角色身份得体地使用言语和非言语符号。角色指人们期待的一套行为以及与之相连的一个文化或民族认为可接受或得体的价值观。人们在社会生活中扮演不同的社会角色。文化记载了社会对不同社会角色的期望和要求,是个体扮演角色的脚本。换言之,人们根据自己文化内部的角色期待扮演自己的社会角色,个体的言行符合其扮演的角色身份。文化是社会角色的行为规范,不同文化对同一社会角色言行的期待不同,跨文化交际者应了解目的文化对自己所扮演角色的期待,并调整自己的行为模式,使自己的言行符合目的文化的要求。

在美国的课堂教学中，老师应该扮演友好、民主的角色。老师引发出问题，在课堂中营造一种开放的自由气氛。学生可以自由提问，教师和学生一般使用非正式的、生活化的语言对话，所以一个美国教师在课堂上身着牛仔裤，坐在桌子上讲课可以理解为制造轻松活泼的课堂气氛；而在中国，学生期待教师为人师表，仪表言行都应该正式、庄重，美国教师的行为在中国文化中不符合其扮演的角色身份要求。不同文化对行为模式的期望不同，跨文化交际者要能够调整不同语境中角色身份的行为差异，以对方文化可接受的得体方式进行交际。

（6）关系身份

每个文化中的人都出生在一个由家庭关系成员组成的关系网中。我们是在家庭这个系统中获得了自身文化的信仰和价值观。我们与父母、兄弟姊妹、亲戚、同事、教师相处之道构成了我们关系身份的最初蓝图。例如，在家庭的社会化过程中，我们知道了家庭中权力机制如父亲在决策行动中的地位。我们也知道在家里向谁倾诉情感。除了家庭这个关系网之外，我们也与别人建立了社会关系或朋友关系。来自朋友或亲戚的支持是身份认可的一个重要方面。当然，不同文化对待关系身份有不同的理解。中国人特别重视亲属关系和朋友关系，也就是说重视内群关系，而西方文化尤其是美国文化，并没有像中国人那样在意家人和朋友，他们更喜欢与外群人建立关系。

交际在构建文化及文化身份中起着重要的作用，每一个交际群体的文化行为都具有该文化特征。交际是文化功能在社会生活中得以实现的资源。同时在交际过程中，交际不仅影响身份，身份也影响交际，身份是人们通过交际产生的。文化身份有助于我们分析不同文化群体交际行为模式，有助于跨文化沟通。我们知道在跨文化交际中，一个人的文化身份、民族身份会起着很重要的作用。我们还知道一个人的身份是多层次的。在交际中，这些身份会共同作用。例如，在与不同代人的交往中，一个人的个人身份会与关系身份或年龄身份发生冲突，形成 identity gap（身份差距），这是我们未来的研究方向。

2. 心理因素

心理因素在很大程度上也影响跨文化交际的过程。文化定式和民族中心主义是两个影响跨文化交际的重要心理因素。下面我们分别介绍两个因素。

（1）文化定式

在介绍文化定式前，我们有必要先对定式这个概念加以界定。对于定式，许多学者采用刻板印象这一说法。二者实际指的是同一个概念。本书参考《跨文化交际：语篇分析法》中的解释，采用文化定式这一说法。

从概念上来说，Lippmann 认为："定式是将各种形象组织成一些固定和简单的分类，并用来代表所有人的方法。"[1] 定式或刻板印象是从多种途径传来的。人们可能从父母、亲戚、朋友那里学来，也可能是源于一个人有限的个人接触。大众传媒也会带来定式或刻板印象。在很多情况下，定式是局限的和误解的产物。因为定式会使人们错误地将一些人归入某些群体，错误地描述一个群体的准则，不适当地评价一个群体。

以往传统的跨文化研究多以较大群体的文化为基础，这种整齐划一的做法尽管在人类学和社会学的一些领域很有作用，在跨文化交际研究中也很重要，但存在一些弊端。它容易导致人们把某一群

---

[1] Lippman, Public Opinion [M]. New York: Macmillan, 1957, 79~103.

体、民族，乃至国家所有成员当作该文化定式的代表。这种整体式的文化倾向通常被叫作文化定式。许多学者惯用这种文化定式观察某文化行为或进行文化比较。这种做法虽然有效但因忽视个体差异，会给交际者带来困惑甚至会产生交际冲突。

在人际交往中，从定式的窗口观察某文化个体或其行为，我们的判断力会受到很大局限，会忽视交际者的个性，并对其很多重要的方面视而不见，因为定式把我们对人类活动或跨文化交际活动的认识局限在一两个维度上，并把这种简单的认识当作人类活动的全部。其实在实际交往中，某一群体内成员的交际方式可能因个性不同而各异，不同文化的群体之间既有很多差异也有很多相似之处，过分笼统的做法最大的弊端忽视了个体差异。以定势指导的跨文化交际可能会导致理解失误，导致相互间的不信任、文化冲突，甚至导致相互间的误解、歧视和仇恨等。为了有效解决以定式为基础的研究所固有的弊端，目前新出现了以交互社会语言学为理论框架的语篇系统分析法，它可以有效地解决文化定式带给跨文化交际的种种问题。

(2) 民族中心主义

民族中心主义或种族优越感是对交际影响较大的一种心理因素。民族中心主义是对民族或文化成员的一种成见。它与交流的重要纽带可以从它的定义中找到。南达和沃姆斯（Nanda & Warms）① 是这样解释民族中心主义的："民族中心主义是指一个人认为自己的文化优于其他任何文化的观念。它认为对其他文化应该以其在多大程度上符合了自己的文化的标准来衡量。当我们用我们自己文化这种狭

---

① L. A. Samovar, & R. E. Porter, Communication Between Culturesc (5th edition) [M]. Peking University press, 2004, 295.

隘的眼光来看待其他文化时,民族中心主义就产生了。"

人类学家大都同意民族中心主义存在于每一种文化中,因为世界上大多数人认为自己的文化是优越的。在跨文化交际方面,民族中心主义可以导致不同群体或文化之间的相互不信任,相互仇恨,导致文化冲突,产生交际距离。交际距离是肉眼所观察不到的,但在交谈过程中,我们可以通过某些言辞手段,说话人的态度、情绪等感觉到它的存在。显而易见,民族中心主义对跨文化交际的影响是不容忽视的。我们应当采取文化相对主义的态度,也即一种文化中的行为只能用其自身的准则去理解评价。这表明,在与不同文化背景的人进行交往时,只能用对方文化的信仰、价值观、社会规范等作为标准来解释和评价其行为。我们应该培养人们对文化差异的敏感性,与对方建立平等的关系,避免先入为主,只有这样我们才有可能缩短交际距离,才能促进有效的跨文化交际。

9.3 跨文化交际能力的构成

在全球化环境中,我们或多或少都需要成为多元文化人。那么如何在这个多元的世界里人们相互适应、进行交往是跨文化研究学者们探讨的课题。许多学者从不同角度提供对策。有学者提出跨文化培训,有学者提出社群建设。无论哪种策略,旨在提高跨文化交际能力使跨文化交际中的人具有有效交际所必备的能力。首先我们要介绍一下"有效交际"和"交际能力"。

根据贾玉新的观点,"交际能力"是有效交际的前提和保证。交际能力概念是人类学家和社会语言学家 Dell Hymes 针对 Norm Chomsky 的语言能力概念首先提出的。我们在这里不做过多解释，因为许多学者早已讨论过。而"有效的跨文化交际"概念是一些西方交际学者如 W. B. Gudykunst 于 1984 年提出的。交际能力的概念对我国的外语教育影响很大。有效的跨文化交际概念（effective communication）是 Gukykunst 与 Kim 在他们所著的书《与陌生人打交道——跨文化交际方法》一书中提出的。两位作者指出"有效交际"是"最大限度地降低误解"。[①] 我们知道，在日常交际中，由于交际双方在文化背景、生活经历、年龄、受教育程度等方面存在这样或那样的差异，要想使交际双方达到完全不误解是不可能的。这意味着，误解是不可避免的。因此，最大限度地降低误解构成了成功交际或有效交际。有效交际的研究在近年来受到广泛重视，人们从外语教学、应用语言学、社会语言学、等角度深入探究这一概念及使其实现的具体措施。但因为交际的目的、交际的情景、环境、场合以及交际的对象等因素不同，"有效交际"的概念及其组成要素也就不同。Ruben 曾对跨文化交际概念加以解释。他认为跨文化交际能力是指"具备一种在某一环境中的个体为了实现其性格、目标及期望所应具备的同样的独特活动方式的能力，一种可以达到人的基本要求、满足其性格、实现其目标及期望的相对的能力。"[②] 贾玉新认为 Ruben 对跨文化交际能力的概念解释基本等同于"有效交际概念"。为了达到有效交际的目的，我们应该提高交际中的人们的跨文化交际能力。跨文化交际能力即指本族语者与非本族语者之间的交际，也指任何在语言和文化背景方面有差异的人们之间的交际。那么，跨文化交际能力都有哪些组成成分呢？关于跨文化交际能力的理论很多。我

---

① W. B. Gukykunst, &Y. Y. Kim, Communicating with Strangers: An Approach to Intercultural Communication, 4th edition. [M], 2007, 269.
② 贾玉新：《跨文化交际学》》，上海：上海外语教育出版社 1997 年版，474。

们在这里介绍几个有代表性的国内外学者对跨文化交际能力构成研究的重要成果。学者有 Yong Yun Kim，Stella Ting – Toomey，Chen& Starosta。下面我们分别介绍这些学者的理论。

1. Yong Yun Kim 的跨文化交际能力构成理论

Yong Yun Kim，跨文化交际协会会员，俄克拉荷马大学传播学教授。她是跨文化交际研究领域杰出的学者，她运用社会心理学、应用语言学和社会学方法，把影响跨文化交际能力的因素结合起来，形成一个系统的跨文化交际能力模式。她认为，跨文化交际能力由认知能力、情感能力和行为能力构成，三者相互联系，相互影响①。Kim 认为该理论是处理交际中的文化差异，使跨文化交际获得成功的必要条件。三种能力之间的关系请参看图9 – 1。②

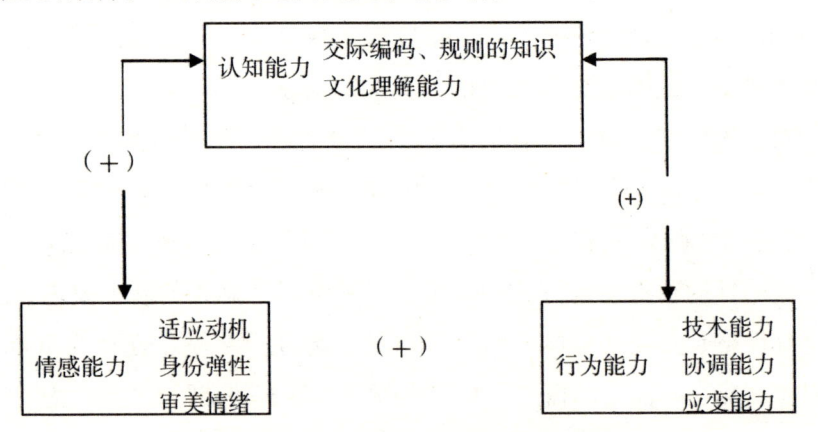

图 9 – 1 跨文化交际能力构成要素的关系

图 9 – 1 中的"+"表明，三个要素之间成正相关的关系。三者的具体内容如下。

---

① Y. Y. Kim. Adaptation to a New Culture：An Integrative Communication Theory，in Gudykunst, W. (editor), Theorizing About Intercultural Communication [C]. California State University, Fullerton, Sage Publications, 2004, 385~386.

② 严明：《跨文化交际理论研究》，哈尔滨：黑龙江大学出版社2009年版。

(1) 认知能力要素

交际是一个复杂的过程，是交际者对交际目的进行编码，形成信息，再通过一定的渠道或者方式传达到接受者，由接受者解码反馈的过程。文化就是一系列我们要学习和共享的代码，学习和共享文化的过程就需要交际。交际过程中的各个环节都受到交际双方年龄、受教育程度、文化背景等干扰。跨文化交际的认知能力要求交际者具有能够理解并破译不同言语和非言语编码的能力，具体包括两方面的能力。

①掌握目的文化的语言

掌握目的文化的交际体系就要求交际者掌握目的文化的语言。这里的语言不仅包括语言组织能力，还包括语言运用能力。在相互交往过程中，交际者不仅需掌握语法能力，更需了解言语的社会功能、交往规则或语用规则、人际交往中的礼貌及面子策略、语篇组织等规则。语用知识可以帮助交际者得体、有效地使用语言，达到交际目的。

②文化理解

无论我们是与外国人交往，还是与同一文化中不同代人、不同性别的人进行交往，人们之间交往的能力不仅取决于所使用的语言，还取决于对对方文化习俗和预期的理解。文化的理解要求交际中人们了解对方的历史、文化取向、价值观、世界观、生活方式等方面的知识。学会处理好不同的人际关系、扮演不同的社会角色、承担不同的社会身份、处理不同的情景问题的能力。

(2) 情感能力要素

情感因素是指交际者对待来自不同文化的交际对象和跨文化交际行为的态度。情感能力是跨文化交际能力的重要组成部分，要求交际者具有跨文化交际意识，尊重其他文化，克服民族中心主义、种族主义等交际障碍的能力。具备良好的移情能力有利于在行为上采取得体的交际策略。情感能力分为三方面内容。

①适应动机

适应指交际者在跨文化交际语境中适应他者文化系统的交际模式,能够按照对方习惯接受的方式交际。主体适应的速度和程度取决于主体的动机。融入对方文化动机强烈的人,接受对方文化的心理准备充分,行动积极,适应速度较快;反之,动机弱则不利于克服自身文化系统的干扰,适应速度较慢。此外,年龄对于适应也有影响,年轻人比较容易接受新的目标语文化,而年纪大的人接受起来就比较困难。

②身份弹性

身份弹性是一种基本的社会心理定位,涉及主体对自身、自身文化和目的文化的尊敬,即主体是否愿意改变其建立在原有文化体系中的行为模式和习惯。这种弹性或适应性有利于减少对其他文化的偏见,从而使交际者实现交际目标。

③审美情趣

审美情趣与移情在意思上接近。移情是从对方的角度看待问题,是设身处地为别人着想。以他人的文化为标准来解释和评价别人的行为。而审美情趣更加深入,指交际者在跨文化语境中的交际行为是否符合目的文化的审美习惯。

(3) 行为能力要素

在跨文化交际中,交际者除了具备知识,持有积极的交际动机外,他还必须能够运用一定的行为技巧,必须具备与不同文化背景的个人或群体进行有效沟通的能力。而这种行为能力的最终形成需要认知能力所获得的知识作支撑,情感能力作铺垫,即通过具体行为表达个人的认知和情感经验。跨文化行为能力包括三方面内容。

第一，技术能力，包括基本的语言技能、工作技能、学术技能等一切能够获得有用信息、解决不同问题的技能。

第二，协同一致能力，指交际者能够以得体的举止与当地人和谐相处的能力。

第三，应对变化的策略能力，指交际者能够克服文化差异，运用合适的交际策略解决问题、实现交际目标的能力。

著名交际学者 Gukykunst 也提出了与 Kim 相同的观点。Kudykunst 也认为有效的交际能力包括认知能力、情感能力和行为能力。

2. Stella Ting – Toomey 的跨文化交际能力构成理论

Stella Ting – Toomey，华盛顿大学博士，现任加利福尼亚州立大学富尔顿分校交际研究学教授。在《文化间的交流》(Communicating Across Cultures)①一书中，她提出衡量跨文化交际成功与否的三个标准是正确性、有效性和满意度。同时她提出跨文化交际能力由知识板块、留心因素、交际能力三个因素构成，三者相互影响、相互依存。三个因素应同时具备，任何一个因素都不能单独构成跨文化交际能力。

（1）知识板块

跨文化交际能力中的知识因素指交际者对交际对象所在文化了解的程度，了解对方文化越多，跨文化交际能力越强。交际者应该了解目的文化的价值观念和信仰，了解交际对象来自何种文化模式：个体主义—集体主义，高语境—低语境，高权力距离—低权力距离，高不确定性回避—低不确定性回避。跨文化知识包括广义文化知识

---

① S. Ting – Toomey, Communicating Across Cultures [M]. Shanghai: Shanghai Foreign Language Education Press, 2007, 262~265.

和狭义文化知识。广义文化知识从宏观上解释跨文化交际现象，对交际者的跨文化交际行为做一般性的指导。例如：了解各国文化中存在不同的文化模式和交往规则可以帮助交际者意识到文化差异的重要性，提高对跨文化现象的敏感度。狭义文化知识指某一特定文化的知识和常识。这就要求交际者掌握特定的文化知识、常识以及语境知识。

（2）留心因素

留心指的是关注自己的文化的认知、情感、观念，同时也关注交际对方的观念、认知和情感。如果我们留心"I"－identity（我身份）或者"we–identity"（我们身份）这样的价值观念，我们就能够控制民族中心主义的评价。通过留心"我身份"或者"我们身份"，我们也能够有意识地监控我们的个人动机和行动。我们还需要对新奇或不熟悉的行为持开放的态度。留心跨文化中的差异，我们还需学会从一个新的视觉看待不熟悉的行为。在群体间的交往中，对于不熟悉的行为，我们既需要处理我们脆弱的情感问题还要接受交际中新的脚本。将新的观念融入到我们自己的价值体系中就需要我们心理上具有灵活性。在跨文化交际中，交际双方必须协同作用共同解决交际中的问题。研究者发现，留心会使我们从多角度看问题；能够培养我们对周围事物的好奇心和兴趣；对交际中发生的不同独特的事很敏感；在与别人的交往中，能够培养自己的愉快心情；能够运用不同的多角度的思维方式。总之，留心能帮助我们在与不同文化的人交往时在认知和情感方面做好准备，促使我们从别人的角度检查我们的动机需求。留心会使我们转换个人行为规范的参照系，积极采用不同的分类标准理解文化差异，随时准备用创造性的方式体验不同的决定或解决问题的方法。这样的留心，交际的结果就能被人理解、尊敬和支持。

(3) 交际能力

交际能力指的是在特定的交际场合，我们与别人进行恰当、有效、满意的交际所需的行为能力。许多交际技巧是提高交际能力所需的，这些技巧包括留心观察、留心倾听、身份确认和合作对话。

留心观察包括 O – D – I – S（observe – describe – interpret – suspend evaluation）（观察—描述—解释—慎下判断）。当我们接触新的文化时，我们应该在精神上学会从其他文化价值观的观点观察、描述和解释文化差异。观察交际过程中的言语和非言语符号信息，然后从心理和行为上解释交际中所发生的事（例如，跟我说话时，他没有保持目光接触）。紧接着，我们从多个角度解释我们所观察的行为（从他的文化角度看，也许目光回避是一种尊敬行为，从我的文化视角看，这是一种不礼貌行为）。依据上面的观察，我们可能决定尊重文化差异，慎下民族中心主义的评价。我们也可能决定进行公开的评价，承认对对方的不熟悉行为感觉不适。通过与自己这种反思性的对话，我们就能够监控我们的民族中心主义情绪。

在跨文化交际中，我们也要努力学会倾听交际中的人们所表达的文化和个人的观点。身份确认能力包括使用人们喜欢的官衔、标签、名字以及身份来称呼人们。在恰当的场合使用恰当的称呼形式表明我们尊重对方的身份，我们确认了对方的自我价值。用别人想要的称呼称呼对方并承认他们认为重要的身份是在支持他们的自我形象。另外，使用亲我语言、情景语言而不是排他语言（例如 you people），也是身份确认技巧所需的。使用亲我语言表明当我们与内群人和外群人交流时，要时刻留心我们所使用的语言。我们应该全面检查我们的语言习惯，要确认我们对内群人和外群人的评论应该是一致的。情景语言意味着，当我们在观察外群成员的行为时，我们愿意把情境因素考虑在内，我们给内群成员和外群成员同样的尊敬。总之，我们用所采用的称呼语以及我们的态度表明我们对外群成员和内群成员一视同仁。

合作对话技能强调民族的相对性，致力于发现不同文化的共同点。合作对话意味着人们不要把自己的观点强加给别人。合作对话要求人们倾听时要向心，对别人的观点、需求和利益要持尊敬的态度。人们进行内在的自我反思，同时他们也对身份、关系和讨论的问题或话题进行外在的反思。

在跨文化交际中，要成为一个成功的跨文化人，需要人们具有一定深度和广度的语境敏感知识，特定的文化知识和真正的人文关怀。对人的尊重是一切合作和跨文化对话的根本。我们要学会倾听并理解多元化的声音。

3. Chen G. M. 和 Starosta 提出的跨文化交际能力构成

跨文化交际学者，《跨文化交际学基础》一书的作者 Chen G. M. 认为跨文化交际能力包括四个维度：个人品质；交际技能；心理调适能力；文化意识能力。①

（1）个人品质

个人品质包括自我概念、自我表露、自我意识和社会放松。

自我概念指的是我们看待自己的方式，它协调我们和外部世界的关系。自我概念的一个重要部分是自我尊重。研究表明自尊高的个人与自尊低的个人的交际行为是不同的。Adler 及 Towne 的研究表明自尊高的人对别人评价很高，因而更容易被别人接受，与上级工作时，感觉更自在，能够保护自己抵制来自别人的负面评价②。Ehr-

---

① Chen, G. M. & W. J. Starosta, Foundations of Intercultural Communication. [M], Shanghai: Shanghai Foreign Language Education Press, 2007, 244~253.
② Chen, G. M. & W. J. Starosta, Foundations of Intercultural Communication. [M]. Shanghai: Shanghai Foreign Language Education Press, 2007, 244~253.

lich 也指出，在跨文化交际中自尊高的人对待外群人的态度，比自尊低的人更积极。自尊可以帮助人们调整心理压力。自我概念的其他方面包括自立、乐观的态度以及外向的性格。

自我表露指一个人是否愿意向交际中的对方公开、恰当地表露自己。不同文化对恰当的自我表露是不同的。比如，某些话题在关系密切程度不同以及地位不同的人之间的表露程度是不同的。Adler 与 Towner 指出自我表露一定是有目的的，向对方表露的信息一定是重要的、别人以前不知道的。自我表露是跨文化交际中人们的重要能力，它可以帮助人们实现个人交际目标。

①自我意识。

自我意识指的是人们协调自己或自我感觉的能力。自我意识可以帮助人们更好地适应其他文化。当我们的自我意识高时，我们就会对交际中的对方的表情、自我展示等更加敏感，就会知道如何利用这些行为线索做出我们的自我展示。

②自我放松。

自我放松指的是在交际中不会过多显示焦虑的能力，能够克服跨文化交际中由于双方缺乏相互了解经常发生的心理焦虑。Stephen & Stephan 在 Kudykunst 与 Kim 所著的《与陌生人打交道》中指出焦虑指的是对于可能发生的事所表现出来的一种不安、紧张、担心的心理状态①。这种心理或情感反应通常表现为一个人对一个新的环境、新的文化感觉不安全。跨文化交际焦虑程度高的人倾向于避免与来自于外来文化的人交际，在跨文化交际中的有效交际要求我们克服这种交际障碍。

---

① W. B. Gukykunst, & Y. Y. Kim, Communicating with Strangers: An Approach to Intercultural Communication [M]. 4th edition, Shanghai: Shanghai Foreign Language Education Press, 2007.

总之，要想在跨文化交际中进行有效交际，我们需要具有积极的自我概念，恰当的自我表露，自我意识以及减少不确定性，学会舒缓情绪。

（2）交际技能

交际技能指的是在与别人的交往中我们所需掌握的言语和非语言行为。这种行为包括信息技能、行为灵活性、互动管理和社会技能。

信息技能主要指语言能力，它要求我们不仅掌握对方国语言，而且具备使用语言的能力。能力强的交际者在交际中必须具有能够通过解码来识别信息的能力。除此之外，信息技能也包括使用描述性和支持性信息的能力。描述性指的是我们运用具体的反馈而不是判断别人的行为。支持性要求我们知道在交际中如何有效地运用非言语行为，如目标接触、面目表情等支持别人。

①行为灵活性。

行为的灵活性表明在不同的场景和语境中选择恰当的行为的能力。一个行为上灵活的人一定能够具有对信息掌握的准确的能力，也一定能够为了实现交际目标而采用不同的行为策略。例如对不同地位和不同关系的人，在交际中人们应该选择不同的语言策略。

②互动管理

互动管理指的是在会话中人们应具备的轮流交谈的相互交往能力，知道如何恰当地打开话题，如何恰当地终止话题。换句话说，在交际中人们应该知道怎样顺利地展开一个话题，同时使所有参与者享有均等的机会分享会话。这样才能促进有效的交际。

交际技能也包括社会技能，如移情能力和身份保持的能力。移情能力指的是移情者以别人的文化准则为标准来解释和评价别人的行为。一个移情能力很高的人能够设身处地考虑别人的情感、推己及人。在跨文化交际中，为了争取有效的交际，我们需要增加移情。Samover 与 Porter 在《跨文化交流》① 一书中关于提高跨文化交际能力的章节提出实现移情的四个步骤：学会倾听；做好移情准备即要相互表达和沟通；使用文化上认可的行为；避免民族中心主义的倾向。身份保持能够使我们确认对方的身份，在交际中不仅需要知道我们自己的身份也需要让对方知道他们的身份。有效的交际需要我们尊重对方的身份。

总之，交际技能包括语言技能、社会技能、灵活性和互动管理的能力。

(3) 心理调适能力

心理调适能力指的是我们适应新文化的能力。这种心理适应表现的是我们的心理健康状态、自我满足以及对新环境的满意程度。在心理调适的过程中，人们可能会经历文化震惊或文化休克。面对陌生文化，跨文化交际者往往会陷入文化休克。文化休克表现为以下几个方面：试图进行心理调整时产生的紧张情绪；在朋友和家庭、社会地位和所有权方面产生的失落感；接触异文化情绪或感觉被异文化排斥；在信仰、价值观和角色期望等方面感觉混乱；面对文化差异时总体上感到焦虑和惊讶；处理新环境里的各种问题感到无能为力。文化休克的具体形式有语言休克、角色休克、过渡期休克、文化疲劳、调整造成的压力、原文化与异文化的差异。文化休克可能产生积极或消极的影响。其积极的影响包括：文化休克为交际者提供学习异文化的机会，促使他们做出新的回应；文化休克为交际者提供动力，促使他们在新的层次上实现自我；文化休克促使交际

---

① L. A. Samover, & R. E. Porter, Communication Between Cultures [M]. Beijing: Peking University Press, 2004, 318.

者形成新观念;文化休克有助于交际者学会处理异文化的新观念。其消极影响表现在:在情感上,文化休克打破了交际者的心理平衡;在认知和感知上,符合原文化的交际行为在另一文化中被认为是奇怪的。克服文化休克,应进行有效的心理调整,适应新文化是跨文化交际者顺利交际所应具备的能力。

(4) 文化意识能力

文化意识能力指理解影响人们对目的语文化进行思考和行为的能力。每一个文化都有不同的思维方式。在跨文化交际中,当我们不了解对方的思维方式时,误解就会产生。为了促进有效的跨文化交际,我们首先需要了解目的语文化,使我们的交际模式与对方的交际模式保持一致。我们还需掌握目的语文化的"地图"(cultural map),这样我们就不会"迷失方向"。有效的交际就需要我们具有对社会价值、社会风俗、社会规范和社会系统等进行认识的能力。

上述介绍的三种跨文化交际能力的模式各有特色,Kim 的模式体现在认知、情感、行为三个层面,是从社会心理学角度谈跨文化交际能力。Stella Ting-Toomey 的跨文化交际能力模式体现在知识板块、留心因素、交际能力三个方面,她的模式在于帮助我们有意识地、留心地进行跨文化体验。Chen 与 Starosta 的模式体现在个人品质、交际技能、心理调适能力、文化意识能力上。其中个人品质是该模式的主要特色。三种模式各有千秋,从理论上讲都很全面。

国内学者贾玉新[1]认为跨文化交际能力除了包括 Kim 所提出的那些能力外,还要加上了语用能力、情节能力和策略能力。他所说的情节能力就是在不同情景中恰如其分地与人进行交际的能力。策略能力是在交际过程中,因语言或语用能力不足,达不到交际目的

---

[1] 贾玉新:《跨文化交际学》,上海:上海外语教育出版社1997年版。

或造成交际失误时所采用的一种补救方略。贾玉新对跨文化交际能力的补充使得跨文化交际能力的构成在理论上更进一步,在实践上可以有效地操作。贾玉新的贡献在于他意识到有效交际的实现离不开语用能力、情节能力和策略能力。无论是认知方面的适应能力还是情感或行为方面的适应能力,在具体的交际中基本上都要通过语言的使用来体现。

9.4 跨文化交际的未来

建构文化共享是促进不同代和不同文化之间有效沟通的一种跨文化交际手段。在介绍文化共享的方法之前我们有必要介绍一下文化共享的前提即多元文化的存在,以及其存在的历史背景。

当今社会人口结构越来越复杂化,信息流通越来越发达,文化的更新转型也日益加快,各种文化的发展均面临着不同的机遇和挑战,新的文化也将层出不穷。我们在现代复杂的社会结构下,必然需要各种不同的文化服务于社会的发展,这些文化服务于社会的发展,就造就了文化的多元化,也就是复杂社会背景下的多元文化。

多元文化主义(multiculturalism)一词的出现始于20世纪80年代的美国。1988年春斯坦福大学校园的一场课程改革成了后来被学者们称为"文化革命"的开端,这场改革迅速波及整个教育界,继而在其他社会领域也引发不同的影响,学术界对此现象进行了探讨和争论。到90年代,争论更加激烈,有人甚至把多元文化主义及相关的争论称为"文化战争"。

尽管多元文化主义一词近年来已频频被使用,但如同"文化"

"全球化"这些高度使用却无公认的定义一样,多元文化主义的内涵至今没有一个清楚明晰的界定。王希在《多元文化主义的起源、实践与局限性》①一文中将多元文化主义的内涵进行分析。多元文化主义因不同领域的不同用途有不同的内涵,它"既是一种教育思想、一种历史观、一种文艺批评理论,也是一种政治态度、一种意识形态的混合体"。王希在文章中指出美国是一个多元民族和族裔构成的国家,美国文化是一种多元的文化;不同民族、族裔、性别和文化传统的美国人的经历是不同的,美国传统不能以某一个民族或群体的历史经验为准绳。群体认同和群体权利是多元文化主义的重要内容,也是美国社会必须面对的现实。

多元文化是美国的产物。从广义上,任何一个国家都存在多元文化现象。就中国文化而言,文化多元化的理解是指一个国家或一个民族在社会发展的过程中,在继承本民族的优秀文化基础上,兼收并蓄其他国家或民族的优秀文化,从而形成以本国或民族文化为主,外来文化为辅的和谐社会氛围。

多元共存是指各种文化都有平等的生存权利和发展空间,互相之间应该平等共处、和谐发展。它是文化多元化的价值追求和基本特征,也是文化发展的内在规律和内在要求。经济全球化是文化多元化的基础和前提。自20世纪80年代以来,随着经济全球化的不断发展,世界文化多元化已成为历史发展趋势;而信息网络时代所带来的交往的便捷和网络特有的特性,激发和增强了人们的民族意识和对民族文化的认同感。另外,因为每一种民族文化都具有其他文化所没有的优势,因此,文化的多元共存为各种文化的相互交流、取长补短提供了条件,各种文化在彼此借鉴优势、共同发展和繁荣

---

① 王希:《多元文化主义的起源、实践与局限性》,美国研究,2000年第2期。

的过程中产生了互相依存的共生性，从而形成了多姿多彩、魅力无穷的人类文化景观。

在跨文化交际中，东西方文化是跨文化研究的主体。东西方文化在意识形态、语篇形式、面子系统等多方面存在这样或那样的差异。由于文化定势所带来的偏见，跨文化交流会妨碍我们进行有效交际。为了有效地促进跨文化交际，我们应提高跨文化交际能力，首先要学会了解不同文化的语言、不同文化的交际风格，了解不同文化的价值观、思维方式以及文化传统。要学会适应对方的文化，学习对方文化的相关知识，增加与对方文化的接触机会，寻找东西方人际间和文化间的共性，认识差别的合理性。

跨文化研究的对象除了东西方文化外，不同群体之间的亚文化也是跨文化研究的领域。我们知道文化又是特定群体心智的产物，由群体共同创造，由群体意识约定俗成。这种群体成员之间约定俗成的性质是群体的思想、行动和情感的共同准则，是群体生活世界的一部分。当一个社会的某一群体形成一种既包括主文化的某些特征，又包括一些其他群体所不具备的文化要素的生活方式时，这种群体文化被称为亚文化。一个亚文化群内的成员，其文化特征有明显的相似性，不同亚文化之间，其文化特质表现出明显的差异。代际文化属于亚文化这一范畴。亚文化的特征告诉我们，在多元文化并存的时代，各代之间有共性的特质，也有异性的特质。处在同一时代、同一文化体系中的代际文化各自具有鲜明的代际特色，但各代文化彼此之间是时刻不停地进行着相互交流和相互作用的。在相互融合的过程中，每一种文化都按照自己的价值观念和标准进行自主的选择，吸纳来自不同文化的精髓，不断丰富和发展自己。因此，文化在任何时候都是一个动态的、开放的、不断变化着的系统，它的发展、壮大，永远离不开与其他文化的交流、沟通和传播。为了促进各代之间的有效交际，代与代之间应求同存异，寻找代际间和文化间的相似性，尊重每代人的独特性，认识到不同代之间差别的合理性，与不同代人之间建立亚文化共享，这样才能达到《论语·子路》中孔子所言的"和而不同"的局面。跨文化交际学者Kudykunst在《与陌生人交际——跨文化交流方法》一书的最后一个章节提出"Building Community"（社群建设）的概念（人与人之间有共同利益和情谊或有外部联系纽带的团体）。我们要学会建立"亲他"社群，能以开放的胸怀接纳与我们不同的人。

多元文化，无论是同一民族内的代际文化，还是不同民族的交际交流，跨文化交际在融合的过程中都会伴有冲突，没有冲突就没有融合，而且融合本身就包含着冲突或矛盾。它们之间不是一种天然对立的关系，而是一种相互渗透、对话、融合和竞争的关系。多元化的文化保持其生命力的途径是正视冲突，吸收借鉴其他文化的有益成分，使自身文化得以更新和发展。世界上的各种文化和民族应和谐相处而又不千篇一律，在世界这个大家庭中，大家互相尊重，坦诚相见，这样我们才能建立一个求同存异的强大社群。一个人可以改变一种关系，从而影响一个社群。因此我们要从我做起，要关注自己和他人。世界各种文化也应在和平竞争中取长补短，在求同存异中共同发展。因为每一种文化都是一个民族的基本象征，内含着一个民族特有的价值观念、行为方式，凝聚着一个民族的精神实质。

主要参考文献

1. Brown, P. and S. Levinson. 1987. Politeness 〔M〕. Cambridge: Cambridge University Press.
2. Cohen, R. 1991. Negotiating across Cultures: Communication Obstacles in International Diplomacy 〔M〕. Washington, D. C. : United States Institute of Peace Press
3. Chen G. M. & Chung, J. The Impact of Confucianism on Organizational Communication 〔J〕. Communication Quarterly, 1994.
4. Chen G. M. & W. J., Starosta, Foundations of Intercultural Communication 〔M〕. Shanghai: Shanghai Foreign language Education press, 2007.
5. Condone J., & Yousef, F. An Introduction to Intercultural Communication. Indianapolis, Ind. : Bobbs – Merrill, 1975.
6. G. Hofstede, Culture´s Consequences: Comparing Values, Behaviors, Institutions and Organizations Across nations (2nd Edition) 〔M〕. Shanghai: Shanghai Foreign language Education Press, 2008.
7. Hall, E. T. 1989. Beyond Culture 〔M〕. New York: Anchor Books.
8. Hsu, Francis L. K. Rugged Individualism Reconsidered: essays in psychological anthropology 〔M〕. Knoxville: University of Tennessee Press, 1983.
9. Gudykunst, W. B. Cross – Cultural And Intercultural Communication. 〔M〕 Shanghai: Shanghai Foreign Language Education Press, 2007.
10. Gudykunst, W. B. & Y. Y. Kim, Communicating With Strangers: An Approach to Intercultural Communication (fourth edition). 〔M〕 Shanghai: Shanghai Foreign Lan-

guage Education Press, 2007.

11. Gudykunst, W. B. (editor), Theorizing About Intercultural Communication, [C] California State University, Fullerton. Sage Publications, 2004.

12. L. A. Samovar, & R. E. Porter, Communication Between Cultures, [M] Peking: Peking University press, 2004.

13. Ron Scollon, Suzanne Wong Scollon & Andy Kirkpatrick (2000). Contrastive Discourse in Chinese and English: A Critical Appraisal [M]. Foreign Language Teaching and Research Press.

14. R. Scollon, & S. W. Scollon, Intercultural Communication: A Discourse Approach. Beijing: Foreign Language Teaching and Research Press, 2000.

15. Ting - Toomey. S. 2007. Communicating Across Cultures [M]. Shanghai: Shanghai Foreign Language Education Press.

16. 陈慧敏:《六十年代生人与当代文化精神》,载《青年研究》,2007年第5期

17. 何兆熊,《新编语用学概要》,上海外语教育出版社2000年版。

18. 贺雪飞:《全球化语境中的跨文化广告传播研究》,中国社会科学出版社2007年版

19. 胡文仲:《跨文化交际学概论》,外语教学与研究出版社1999年版

20. 贾雪睿:《中美交际风格比较研究》,哈尔滨工业大学出版社2009年版。

21. 贾玉新:《跨文化交际学》,上海外语教育出版社1997年版

22. 廖小平:《伦理的代际之维》,人民教育出版社2004年版

23. 李清源,魏晓红:《中美文化与交际》,复旦大学出版社2012年版

24. 刘能:《当代中国人的生活方式:多维度的解析》,载《广西民族学院学报》(哲学社会科学版),2003年第4期。

25. 刘重德:《英汉语比较与翻译》,上海外语教育出版社2006年版

26. 玛格丽特·米德:《文化与承诺——一项有关代沟问题的研究》,河北人民出版社1987年版

27. 拉里·A. 萨默瓦,理查德·E. 波特著:《跨文化传播》(第四版),闵慧泉等译,中国人民大学出版社2004年版

28. 唐红芳:《跨文化语用失误研究》,西南交通大学出版社2007年版

29. 王江:《第五代人研究》,载《中国青年研究》,2002 年第 3 期
30. 许力生:《语言研究的跨文化视野》,上海外语教育出版社 2006 年版
31. 尚会鹏,1997,中原地区的"分家"现象与代际关系——以河南省开封县西村为例〔J〕《青年研究(第 01 期)
32. 易中天:《闲话中国人》,华龄出版社 1996 年版
33. 张永杰、程远忠:《第四代人》,东方出版社 1988 年版

附 录

问卷调查一

您好！我们在从事一项有关中国代际语篇系统的研究。感谢您在百忙之中抽出时间来回答我们的问题。请您根据自己的实际情况回答下面的问题（可单选也可多选。请在该答案前打√）。此问卷不记名，调查结果仅供研究之用。请在回答问题之前首先告知我们您的出生年代，所在单位及文化程度。谢谢配合！

出生年代：

A：1945 年以前出生（战争和共和国一代）

B：1946~1955 年出生（"文革"一代）

C：1956~1967（恢复的一代）

D：1968~1979（"三明治"的一代）

E：20 世纪 80 年代以后出生的人（自我一代）

单位：A. 机关　B. 事业单位　C. 企业　D. 学校　E. 其他

文化程度：A. 高中　B. 大学专科或本科　C. 研究生　D. 博士

E. 其他

注：(20世纪80年代以后出生的没有小孩的人，可跳过问题1和2)

1. 您的孩子在婴幼儿阶段谁帮您照顾？

A. 自己　　　　B. 父母照顾　　　　C. 请专业保姆

2. 对孩子幼年时期的教育，作为父母您采取以下何种方式？（可多选）

A. 学校教育　B. 参加课外辅导　C. 参加特长班和兴趣班

D. 家庭里亲子教育　　　E. 尚未涉及

3. 在家里您对待孩子的教育主要采取什么样的态度？

A. 严加管教　　　　B. 给孩子自由发展的空间

4. 在您成长的年代，您在公共生活中与外界交流的主要渠道（媒介）是什么？（可多选）

A. 写信，电报　　B. 固定电话　　C. 移动电话　　D. 网络即时通信如E-mail，QQ，MSN，飞信，微博等

5. 您成长的年代您个人主要以何种媒介获取信息？（可多选）

A. 喇叭广播　　B. 收音机　　C. 电视

D. 报纸　　　　E. 网络

6. 您成长的那个年代崇尚什么样的言语风格？

A. 引经据典（固定的短语、格言）

B. 个性化语言（具独创性、鲜活感）

7. 如您不满意您成年子女所交的异性朋友，您采用什么样的言语方式劝阻？

A. 直截了当　　　　B. 委婉建议

8. 您一般如何称呼您的父母？（可多选）

A. 父亲、母亲　B. 爸爸、妈妈　C. 老爸、老妈

D. 直呼其名　　E. 其他

9. 您结婚后愿意与上一代同住还是分开居住？

A. 同住　　　　B. 分开

10. 您更愿意与下列哪个圈子的人建立关系？（可多选）

A. 亲戚　　B. 同事　　C. 同学　　D. 圈外人

11. 您倾向于建立长期还是短期的朋友关系？

A. 长期　　　　B. 短期

问卷调查二

您好！我是中国矿业大学（北京）的老师。我在从事一项关于中国代际间言语交际风格的研究。感谢您在百忙之中抽出时间来回答我的问题。请您务必根据自己的实际情况回答。此问卷不记名，调查结果仅供研究之用。请在答题之前首先告知您的出生年代，工作单位及文化程度。谢谢您的配合！（将您的选项打"√"）

出生年代：A: 1945 年以前出生（战争和共和国一代）

B: 1946–1955 年之间出生（文革一代）

C: 1956–1967（恢复的一代）

D: 1968–1979（三明治的一代）

E: 80 年代以后出生的人（自我一代）

单位：A: 机关　B: 事业单位　C: 企业　D: 学校　E: 其他

文化程度：A: 高中　B: 大学专科或本科　C: 研究生　D: 博士

E: 其他

下列场景中有 A, B 两种回答，选出最接近你平时说话方式的选项，并打"√"。

场景1　你需要向朋友借钱，你会说：

A. 方便借点钱给我吗？我打算……

B. 忙什么呢最近，怎么样？（先不提借钱的事）

场景2　你的朋友邀请你周末一起去郊游，但你有其他安排了，你会说：

A. 这主意不错，周末要是没别的事，我就跟你们一起去。

B. 这周末我安排别的事了，太不巧了，下次一定跟你们去！

场景3　你在百货商场买东西时，服务员问要不要帮忙，你想自己慢慢挑，你会怎么拒绝：

A. 不用了，谢谢！

B. 我自己随便看一看。

场景4　你的一位好朋友向你借钱，但他/她是个粗心的人，借钱经常忘记还，你不太想借，你会怎么说：

A. 最近正好赶上我用钱的地方也挺多，这次够呛能拿出来这么多。

B. 我记不太清现在还有多少，等我看看够不够再给你答复啊。

场景5　你马上要过生日了，家人问你有没有什么想要的生日礼物，你想要块手表，你会说：

A. 我要什么都行，没什么缺的。

B. 我的手表不太准了，要不换块手表吧。

场景6　在一次聚会上，你向朋友介绍你的一个好朋友，Mary，你会说：

A. 这是我好朋友。

B. 这是Mary。

场景7　生活中，除了用"爸爸/妈妈，爹/娘"这类尊称称呼父母外，你还用其他什么称呼：

A. 基本没有，通常使用以上尊称。

B. 称呼他们的名字。

场景8　对于比自己年长的人，无论是熟悉的还是陌生的，你认为该如何称呼他/她们：

A. 使用尊称如：大爷/师傅/阿姨/您好

B. 好啊之类的话语或者不称呼

场景9　你在公共场合偶遇一位几年没见的老同学，你们关系很好，看到他你突然想起了他的外号，你会怎么喊他/她：

A. 直呼其名

B. 使用外号

场景10　家里有其他人做客时，你会如何称呼自己的父母：

A. 爸爸/妈妈 或者（爹/娘）

B. 老爸/老妈 或者 他们的名字

场景11　跟你关系较好的人夸奖你时，你通常会说：

A. 哪里哪里/过奖啦/（微笑）

B.（笑着说）应该的/那是/得意的笑笑

场景12　在面试中，你认为怎样的表达更能赢得面试官的好感：

A. 我的工作能力还算可以，应该能做好这份工作，希望有机会把最好的一面展现出来

B. 我的工作业绩比较突出，我相信自己有能力胜任这个职位，希望能得到这次机会。

场景13　你精心挑选了礼品准备送给朋友，在送对方礼品时你会说：

A. 我挑了好半天，就这个最好，希望你能喜欢。

B. 薄礼一份，略表心意，不知道合不合你的意。

场景14　在发表获奖感言时，你认为下列哪种表达更合适：

A. 能够获得这个荣誉，我很激动，但这是大家共同努力的结果，不能归功于我个人。

B. 能够获得这个荣誉，我付出了很多努力，现在终于能被大家认可，我很激动。

场景15　你的亲戚长辈夸你时，你会怎么回应：

A. 谢谢/ 应该的/（得意的笑笑）

B. 您过奖啦 / 哪里/（微微笑）

下面各场景有 A，B，C 三个选项，选出最接近你平时说话方式的选项，请打"√"。

场景16　你做错了事，但是责任不全在你，可父母为此而责备你，你会如何回应父母：

A. 这事不全是我的错，（等类似的话语为自己辩解）

B. （沉默，不想反驳父母）

C. （沉默，自己有错，觉得应该受到责备）

场景17　聚会时，你的朋友带去了他/她的一位好朋友，但是还没有介绍给你认识，你会：

A. （主动示好并与其聊几句）你好，我是XXX的朋友，我叫XX。

B. （沉默，倾向于等待对方先找自己交谈）

C. （沉默，不太愿意和陌生人说话）

场景18　你与几个关系不错的朋友一起聊天，因为看法不同，你跟其中一个绊了两句嘴，接下来你会：

A. （暂时沉默，避免公开对抗而影响双方关系）

B. （跟他/她争论到底）你的看法也不一定对……

C. （沉默，此时无声胜有声）

场景19　你在超市排队付款时，有人插队到你前面，你会：

A. 你好，能到后面排下队吗？大家都在等呢。

B. （沉默，不想引起不愉快）

C. 你怎么插队？得到后面排队！大家都在等着呢。

场景20　你跟长辈聊天时，对长辈提出的话题不感兴趣，你会做出如何反应：

A. （笑笑）呵呵

B. （维护对方面子，继续聊）嗯，我觉得也是……

C. （表示不感兴趣，自己找新话题）这个我不太清楚啊，其他的……